a pilot of wisdom

集英社新書　好評既刊

**安倍官邸と新聞「二極化する報道」の危機**
徳山喜雄　0751-A
安倍政権下の新聞は「応援団」VS.「アンチ」という構図で分断されている。各紙報道の背景を読み解く。

**日本映画史110年**
四方田犬彦　0752-F
『日本映画史100年』の増補改訂版。黒澤映画から宮崎アニメ、最新の映画事情までを網羅した決定版。

**ニッポン景観論〈ヴィジュアル版〉**
アレックス・カー　036-V
日本の景観破壊の実態を写真で解説し、美しい景観を取り戻すための施策を提言する、ヴィジュアル文明批評。

**ブッダをたずねて 仏教二五〇〇年の歴史**
立川武蔵　0754-C
アジアを貫く一大思潮である仏教の基本と、「ほとけ」の多様性を知ることができる、仏教入門書の決定版。

**世界を戦争に導くグローバリズム**
中野剛志　0755-A
『TPP亡国論』で、日米関係の歪みを鋭い洞察力でえぐった著者が、覇権戦争の危機を予見する衝撃作！

**誰が「知」を独占するのか ―デジタルアーカイブ戦争**
福井健策　0756-A
アメリカ企業が主導する「知の覇権戦争」の最新事情と、日本独自の情報インフラ整備の必要性を説く。

**儲かる農業論 エネルギー兼業農家のすすめ**
金子 勝／武本俊彦　0757-A
「儲からない」といわれる農業の未来を、小規模農家による「エネルギー兼業」に見いだす、革新的農業論。

**「謎」の進学校 麻布の教え**
神田憲行　0758-E
独自の教育で「進学校」のイメージを裏切り続ける麻布。その魅力を徹底取材で解明！

**国家と秘密 隠される公文書**
久保 亨／瀬畑 源　0759-A
第二次大戦後から福島第一原発事故まで。情報を隠蔽し責任を曖昧にする、国家の無責任の体系の原因に迫る。

**読書狂《ビブリオマニア》の冒険は終わらない！**
三上 延／倉田英之　0760-F
ベストセラー作家にして希代の読書狂である著者ふたりによる、本をネタにしたトークバトルが開幕！

**堤 未果**（つつみ みか）

ジャーナリスト、東京生まれ。ニューヨーク市立大学大学院で修士号取得。二〇〇六年『報道が教えてくれないアメリカ弱者革命』で黒田清日本ジャーナリスト会議新人賞を受賞。二〇〇八年『ルポ　貧困大国アメリカ』で日本エッセイスト・クラブ賞、新書大賞を受賞。二〇一一年『政府は必ず嘘をつく』で早稲田大学理事長賞を受賞。

# 沈《しず》みゆく大国《たいこく》アメリカ

集英社新書〇七六三A

二〇一四年一一月一九日 第一刷発行
二〇一四年一二月一六日 第三刷発行

著者……堤《つつみ》 未果《みか》
発行者……加藤 潤
発行所……株式会社集英社
東京都千代田区一ツ橋二-五-一〇 郵便番号一〇一-八〇五〇
電話 〇三-三二三〇-六三九一（編集部）
〇三-三二三〇-六〇八〇（読者係）
〇三-三二三〇-六三九三（販売部）書店専用

装幀……原 研哉
印刷所……大日本印刷株式会社 凸版印刷株式会社
製本所……加藤製本株式会社

定価はカバーに表示してあります。



ISBN 978-4-08-720763-7 C0231
Printed in Japan

# 沈みゆく大国アメリカ

堤 未果
Tsutsumi Mika

a pilot of wisdom

# 目次

「自宅介護はご家族の尊いお仕事です（富裕層以外）」

安い早い！　ウォルマートがあなたの主治医になります

# 第三章　リーマンショックからオバマケアへ――

ゲーム必勝法「回転ドアをくぐれ！」～オバマケア設計者と愉快な仲間たち～

笑いが止まらない人々～保険会社編～

笑いが止まらない人々～製薬会社編～

笑いが止まらない人々～ウォール街編～

ゲーム必勝法「少数企業で独占せよ」

リーマンショックとオバマケアは同じゲームだ！

すさまじい権力統合がくる

次の主役は医産複合体だ

## 第四章　次のターゲットは日本



図版作成／今井秀之

＊本文中の肩書きは、基本的に取材当時のもの。敬称は略している場合もある。
＊本文中の写真のうち表記のないものは、著者および取材アシスタント・丸田りつ子が撮影、または掲載承諾済み。

# はじめに　父の遺言

大切なものはなぜいつも、一瞬で手の中から消えてゆくのだろう？

二〇一〇年一月。海外から帰った私は、父が心肺停止で都内の病院に運ばれたことを知らされた。

放送ジャーナリストで、晩年糖尿病を悪化させ人工透析を受けながらテレビの仕事をしていた父。アメリカと飛行機が大嫌いで、娘が住んでいた一三年間一度も会いにこなかった。大好きな国を否定されたと感じた私は、意地でも父と同じ職業につくまいと決め、日本にはほとんど帰らず、アメリカ人と結婚しそのまま永住するつもりでいた。

だが運命は時に、思いもかけない形でその歯車をまわしてみせる。広い海に出た鮭が、生まれた川にまた戻るように、気がつくと私は九・一一テロを機に帰国、ジャーナリストになっていた。

一度も渡米に反対しなかったくせに、帰ってきた娘を前にした時の、父の嬉《うれ》しそうな顔を今も覚えている。私たちは定期的に会うようになり、離れていた日々を取り戻すかのように、一緒にごはんを食べ、いろいろなことを語り合う時間を持ち始めた。ジャーナリズムの話をする時の父は、少年のように目を輝かせ、何時間でも熱くしゃべり続ける。「最後はテレビカメラの前で死にたい」が口ぐせで（局は迷惑だろう）、元気一杯だったのだ。

そんな父のことだからすぐに回復するだろうという私たち家族の予想を裏切って、容態は悪化していった。もう長くないと気を遣ってくれたのか、面会時間が過ぎた遅い時間に訪ねても、病院側は黙って部屋に入れてくれた。しんと静まった夜の病室で父の手をそっと握ると、五歳の時につないだそれよりずっと小さくしわくちゃで、胸がきゅっと苦しくなった。

あの頃、集中治療室と一般病棟を行き来していた父が、何度も繰り返していた言葉がある。

「国民皆保険制度がある日本に生まれて、本当に良かった。これがない国だったら、最後は悲惨だっただろう」

保険証一枚で全国どこの医療機関でも一定水準の医療が受けられる日本の医療制度は、

WHO（世界保健機関）をはじめ、世界中から賞賛されている。だがその価値を意識している国民は、いったいどれほどいるだろう？　いのちは無限ではなく、いつか終わりがやってくる。人は病気になって初めて、健康のありがたみを知るものだ。失って初めて、心の奥深くにある、家族への思いに気づかされるように。

ある時父は目をつぶったまま私に言った。

「アメリカに会いに行かなくてごめんな」

今もこの時のことを思い出すと鼻の奥がつんと熱くなる。ブラインドのすき間から、やわらかいオレンジ色の西日が差しこんで、病室の白いシーツの上に、縞模様《しまもよう》を作っていた。黙り込む私に父は微笑《ほほえ》みかけ、「娘っていいなあ」と呟《つぶや》いてから、今度はジャーナリストの顔になって、こう言った。

「この国の国民皆保険制度を、なんとしても守ってくれ」

この言葉は、それから間もなく意識不明となる、父からの「遺言」になった。

同じ頃、海の向こうのアメリカでは、オバマ大統領が初の「皆保険制度」導入に尽力していた。そのことを伝えた時、父は目を細めてこう言った。

「そうか、俺の嫌いなアメリカも、ついに変わろうとしているのか」

だが本当にそうだろうか？　父には直接言わなかったが、九・一一のテロ以降、かつて憧れたアメリカの変貌ぶりに、私は失望させられっぱなしだった。自由の国。誰にでもチャンスが与えられる夢の国アメリカは、いまやすべてをマネーゲームの商品にしながら、世界規模で暴走中だ。

そして「医療」という、人間にとってもっとも根源的なものまでがゲームにされたなら、その波は確実に国境を越えて、ここ日本にも到達するだろう。オバマ大統領によって成立したアメリカ版皆保険制度。取材を重ねてその実態を知るほどに、私たちが直面しているのが、単にアメリカという一国ではなく、もっとずっと大きな相手であることが見えてきてぞっとする。

伝えなければならない。亡き父の最後の言葉が焦燥感とともによみがえる。

今ならきっとまだ間に合う。私の国日本で、手の中にある大切なものが、滑り落ちていってしまう前に。

# 序章

# 「一パーセントの超・富裕層《スーパー・リッチ》」たちの新たなゲーム

WE LOVE OBAMACARE!
写真：The New York Times ／アフロ

二〇一〇年二月。

ニューヨーク市クイーンズ区在住のジョシュア・サンダースは、パソコン画面の中央に大きく表示された一行の文章に苦笑した。

「Are you sure? This seems too high（数字が大きすぎますが、本当によろしいですか？）」

税金計算ソフトの医療費の箇所に、四万八〇〇〇ドル（四八〇万円）という数字を打ちこんだ直後だ。表示された問いを心の中でもう一度繰り返してみる。

〈本当にいいのか？〉

よくなかった。こんな状況におちいることは、自分の人生設計にはなかったはずだ。大学を卒業して金融の世界に入り、二〇〇〇年以降の好景気で〈勝ち組〉として羨望のまなざしをあびていたあの生活が、今ではぼんやりとした実体のないものに感じられるのはなぜだろう？

人生が終わったと思ったのは、二〇〇八年九月に約六〇〇〇億ドル（約六〇兆円）という史上最大の負債を背負い倒産した、リーマン・ブラザーズ社を解雇された時だ。

あの時ジョシュアと一緒に、一万五〇〇〇人近い社員が職を失った。その後三〇〇〇通以上の履歴書を郵送し、七〇件近い再雇用面接を受け、やっと半年後にファイナンシャルプランナーの職を見つけた自分は、信じられないほどラッキーだったのだろう。

クビになった同僚たちの大半は、今もまだまともに再就職できず、パートタイム職をかけ持ちしたり、夫婦で実家に戻り、親と同居したりしている。同じ部署で営業成績一位だった同僚のマイクは、いまだに就職先が見つからず向精神薬が手放せないという。

ウォール街の証券マン時代と比べ、年収が三分の一になったジョシュアは、ブルックリンハイツの高いアパートを出て、妻と娘と三人でクイーンズの安い部屋に引っ越した。

さらに幸運なことは、三人がジョシュアの再就職先を通じて医療保険にも入れたことだ。アメリカでは失業と同時に会社提供の医療保険も失う。リーマンショックが国内の失業者にもたらしたもっとも大きな経済的打撃からも救われたことは、敬虔《けいけん》なクリスチャンであるジョシュアを揺さぶった。

彼はどんなに忙しくても、毎週日曜に家族で教会に行く習慣を続けていたことに心から感謝した。

ウォール街の元証券マンたちは、バブル時代の生活レベルを落とせず鬱《うつ》になる。そんな彼らの姿を見ながら、ジョシュアはああはなるまいと心に誓った。専業主婦だった妻のサラはレストランでパートタイムの仕事を見つけ、夫の年収八万ドル（八〇〇万円）に一万ドル（一〇〇万円）を加えた九万ドルが家族の年収となった。ジョシュアは綿密な財政計画をたて、決して負債を出さないよう努力した。

だが再就職した春から、ジョシュアの計画に少しずつ影がさしてゆく。

学生時代、フットボールの試合中に複雑骨折した膝が痛みだし、病院で手術を受けなければならなくなったのだ。最初の手術がうまくいかず、計四回の手術とリハビリ、それに伴う治療を受けることになった。手術を受けるたびに、週三回のリハビリに通わされるが、担当療法士が保険会社の指定する医療機関リスト外だったため、九か月間毎月九〇〇ドル（九万円）の請求書が来た。手術直後は会社を休むため、〈短期所得補償保険〉から支払われる給与は月収の三分の二だ。

二〇一〇年夏、今度は呼吸器疾患を抱えて生まれた娘のシャロンが三週間ＮＩＣＵ（新生児用集中治療室）に入ることになり、その医療費とそれまでの膝の治療費の合計が信じられないような額になった。勤務先の保険に加入していたものの、保険でカバーされない自己負担分はどんどん累積してゆく。この時点で夫妻の貯金は六〇〇〇ドル（六〇万円）を切っていた。

大学の学資ローン返済や家賃、日々の生活費と違い、自分や家族の急なけがや病気にかかる医療費は坂を転がる雪玉のようにぐんぐん大きくなり、家計をおしつぶしていったと、ジョシュアは語る。

「まるで悪夢のようでした。リーマンショック以降、失業して無保険になった人々が医療破産するという話はそこらじゅうで聞いていましたが、まさか年収九万ドルで、医療保険も持っている我が家が、こんなことになるなんて」

次々に届く医療費の請求書を支払うために、夫妻はそれまで決して手をつけなかった資金も引き出した。長年積み立ててきた〈退職貯蓄口座〉だ。それでも足りない分の支払いはクレジットカードを使う。支払いが追いつかなくなり、すぐに民間の回収会社からじゃんじゃん催促の電話がかかってくるようになった。

二〇一〇年末、医療費債務が六万六〇〇〇ドル（六六〇万円）にふくれあがったジョシュアが自己破産の手続きをするのと、会社が給与三割カットと企業保険提供廃止をしたのはほぼ同時だった。

自己破産によって、未払いの医療費とクレジットカード借金分が整理され、サンダース夫妻は毎月八五〇ドル（八万五〇〇〇円）を今後五年間にわたり支払うことになった。アメリカでは日本と違い、自己破産は「フレッシュスタート」という前向きな言葉で表現される。過去の過ちを綺麗《きれい》にして、もう一度自分の足で歩きだすという意味だ。破産手続きをした弁護士は、ジョシュアにすぐ次のクレジットカードを作るよう勧めた。

アメリカでは現金で堅実な生活をしていても、ローンを組む際や就職時に必要なクレジットスコアがあがらない。借金があっても、毎月クレジット会社の設定した最低額を返済し続けているほうが信用ポイントが高くなる。アメリカはどこまでも国民に借金を奨励し続ける社会なのだ。ジョシュアのような自己破産者は、最低五〇ドル（五〇〇〇円）の預り金を入れれば、限度額が月二〇〇ドル（二万円）の「Secured Card（セキュアド・カード）」が簡単に与えられる。

「皮肉な話ですよね？」

ジョシュアはそう言って深いため息をつく。

「二〇〇八年に金融危機を引き起こした張本人たちは、政府に救済されて信じられないような額の退職金を手に、悠々と表舞台から去っていった。僕みたいに貧乏くじを引いた証券マンは別として、投資銀行を中心にウォール街はますます強力になっている。失業と同時に無保険者になる人や、家を失う人、僕のように職についていても保険がない自己破産予備軍がすごい勢いで増えているのに」

「学資ローンに家賃に、医療費、光熱費に食糧価格、アメリカでは毎月の支出が昔よりかなり高くなっていますね」

「ええ、このうち自己破産できない学資ローンは仕方ないとして、食事はSNAP（フードスタンプ）を受給して節約できる。けれど医療費だけはどうにもならないのでなんとかしてほしい。医療費が高すぎるんです。突然のけがや病気で破産する先進国なんてないですよ。どう考えても狂ってる。どんなに仕事があっても、今のように無保険ではいつでも自己破産コースだ。まともに暮らせない国民だらけになったアメリカを立て直すには、この滅茶苦茶な医療システムを改革しなければなりません」

「ウォール街の規制は進むでしょうか？」

二〇一〇年七月。オバマ大統領は金融機関の透明性を強化し、第二のリーマンショックを防止し、納税者に多大な負担をかける金融機関救済を回避するための「ドッド＝フランク・ウォール街改革・消費者保護法（DFWSRCPA）」に署名した。

問いかける私の目をじっと見つめ返すジョシュアの目が、その時だけ、ウォール街の住人を思わせる冷たい表情になる。彼はゆっくりと首を横に振った。

「それは、難しいでしょう。ウォール街はすでにこの国の政治に対して支配力を持ちすぎています。メガバンクは七〇〇〇億ドル（七〇兆円）の救済金の使途公開も拒否している。危機を起こす構造を設計した連中を税金で救済した時点で、この国は今までとは違う別な道へ進むための橋を焼いてしまったのです。僕はあの世界にいたからよくわかる。断言してもいい、ドッド＝フランク法はザル法ですよ」

「では、医療システムはどうでしょう？」

「ドッド＝フランク法」成立の四か月前、オバマ大統領はアメリカ国民全員に保険加入を

## オバマ大統領の医療保険制度改革法（重要ポイント）

**患者保護並びに医療費負担適正化法（PPACA）（通称「オバマケア」）**

- 国民全員加入義務（無保険者は$95または年収の1%のいずれか多いほうを罰金として税還付金から徴収。罰金率は年々上昇する）。
- フルタイム従業員50人以上の企業はオバマケアの条件を満たす保険提供義務（フルタイム＝週30時間以上とする）。
- 企業が保険を提供しない場合は従業員1人につき$2,000〜$3,000罰金。
- 企業保険がない人は政府が設立した保険販売所（Exchange）で保険を買う。
- 収入が貧困レベルの4倍までなら保険購入補助金が出る。
- 低所得層はメディケイドに加入（自己負担ゼロの公的医療）。
  *メディケイドの条件は大幅に緩くし、貧困ラインの33%増なら受給可に。
- 全米の州はメディケイド枠を拡大。
- 個人の非課税医療費口座には$2500の上限をつける（前は上限なし）。
- 保険は予防医療、妊婦医療、小児医療、薬物中毒カウンセリングなど政府が義務化した10項目が入っていないと違法。
- 26歳以下の子供は親の保険に入れる。
- 保険会社が既往歴での加入拒否や、病気になってからの途中解約は違法。
- 保険会社の保険金支払上限は廃止。
- 保険加入者の最大自己負担の上限は$6,350（個人）、$12,700（4人家族）とする。
- 2018年から$10,200（個人）、$27,500（4人家族）の保険は全て40%課税。
- 財源は高齢者医療削減と増税21項目、製薬、保険会社及び医療機器メーカーへの増税。
- 高齢者の保険料は若者の3倍までの額とする（裏➡つまり若者の保険料が高くなる）。
- 性別で保険料を変えてはいけない。

©堤未果オフィス

義務づける「医療保険制度改革法（The Patient Protection and Affordable Care Act）」、通称オバマケアに署名している。

ジョシュアの表情が和らいだ。

「オバマの医療保険制度改革法は、オバマ大統領が成し遂げた数少ない功績の一つですよ。施行は二〇一四年とのことですが、この法律がもっと早くに出来ていたら、僕は医療破産する必要はなかった。二〇一四年からは今よりもずっと安くて充実した保険に入れるし、医療保険会社の法外な請求にも上限をつけるそうだから、けがや病気に怯《おび》えなくてよくなるでしょう。気管支が弱い妻や娘が将来肺の病気になっても、病気を理由に保険を解約されることも今後はもうなくなるのです」

「オバマケアでたくさんの国民が救われるでしょうか？」

「僕の破産手続きを担当した弁護士によると、リーマンショック以降増え続ける個人破産の半数以上が、僕と同じ医療破産だそうです。巨大化しすぎて政治に力を持ちすぎたウォール街は、オバマ大統領でも規制できないでしょう。でも同じくらい強欲な他の業界に、こうやって周りからひとつひとつ手を入れてゆけばいいんです」

「医療保険・製薬業界はなぜこの法律をのんだと？」
「全国民加入というのが大きかったのでしょうね。数千万人の新顧客獲得は、彼らにとっても損にはなりませんから」

元リーマン・ブラザーズ証券マンのジョシュア・サンダース。ウォール街についての彼の分析は正しかった。その後まもなくして、ドッド＝フランク法が、スイスチーズのように穴だらけの代物であることが明らかになる。

二〇〇七年金融危機の時点で、最大の元凶であった合法ギャンブル、国内「デリバティブ」の八〇パーセントを抱えていたのは五大銀行（シティグループ、ゴールドマン・サックス、バンクオブアメリカ、モルガンスタンレー、JPモルガン・チェース）だ。だが、巨大銀行の破綻が、そこに依存する世界経済にもたらす惨事の大きさを明らかにしたにもかかわらず、ドッド＝フランク法はこれらの資本集中になんのメスも入れなかった。

その結果、史上最大のカジノと化したウォール街はさらに肥大化し、米国通貨監督庁のデータによると二〇一四年現在、その五大銀行が国内デリバティブの約九四パーセント

（上位二五社中）を抱え、四半期だけで二七九兆ドル（二京七九〇〇兆円）の利益を得る状態になっている。※日本の一般会計は九五・九兆円（平成二六年財務省データ）

さらにもっとも重要な、銀行を投資部門から分離する「自己勘定取引の禁止」はその定義自体が限りなくグレーにぼかされ、規制対象は商業銀行に限定、腕利きの企業弁護士たちにかかれば赤子の手をひねるような内容だ。アメリカの失業率が過去最高になった二〇〇九年に一六〇億ドル（一兆六〇〇〇億円）の給与を社員に出したゴールドマン・サックスや保険会社は、再び投資銀行に戻ればばっちり規制適用外になる。投資家たちは安心し、今までとは別な名前をつけた「同じ商品」で、マネーゲームを再開したのだった。

それでも、リーマンショック以降国内の貧困が拡大し、労働者の四人に一人が時給一〇ドル（一〇〇〇円）以下で生活するアメリカで、オバマ大統領はもう一つの悪夢にメスを入れたのだと、ジョシュアは期待をかける。法案に盛りこまれた全国民の保険加入義務化に対する違憲訴訟に最高裁が合憲判決を出した時、ジョシュアは妻と娘と三人でささやかな祝杯をあげたという。この時、アメリカの医療システムを批判するドキュメンタリー映画『シッコ』のマイケル・ムーア監督が、ツイッターやフェイスブックに次々に流した祝福のメッセージは、瞬く間に国内に広がって行った。

〈もう二度と、病気になっただけで医療破産するようなことは起こらなくなる〉

〈既往歴による加入拒否ももう終わりだ〉

〈皆保険は最初の一歩だが、間違いなく大きな一歩〉

〈これはオバマケアでなく、オバマが国民をケア（気遣う）してるんだ〉

上機嫌のムーア監督は、その夜、ＭＳＮＢＣのインタビューにも出演し、この法律の成立を改めて称賛した。

「これは本当に素晴らしい、最高の勝利だ！」

この瞬間、同法の成立を心待ちにしていたリベラル派や市民活動家、ジョシュアのような多くの医療破産者、高額な医療費の請求書に苦しむすべての人々が、ムーア監督の喜びの声に共感し、未来に訪れるはずの変化に希望を託したことだろう。

＊

同じ頃、医療保険・製薬業界もまた、この新しい法律を迎え入れる準備を着々と整えていた。

リーマンショックの経済不況は、彼らにとっても見過ごせない負の影響をもたらしたのだ。経費削減のために従業員の医療保険提供を廃止する企業が急増、年収三万ドル（三〇〇万円）以下の労働者たちは、月々の保険料が払えず次々に保険を解約し、無保険になってゆく。製薬業界は、高額な処方薬に対する高齢者の怒りが年々拡大することに加え、主要ブランド薬の特許が一斉に切れる「二〇一二年問題」にも頭を抱えていた。

〈私はこの問題に取り組む最初の大統領ではないが、最後の大統領になるつもりだ〉

高らかにそう宣言し医療保険制度改革法を成立させたオバマ大統領のその言葉に、医療・製薬業界も深く賛同した。過去数十年、ウォール街をはじめこの国のあらゆる主要業界を嵐のようにのみこんでいった一連の流れ。その主役交替のタイミングが、今まさに近づきつつあるのだ。ムーア監督の言葉を借りれば、確かにこの改革は、アメリカにとって間違いなく大きな一歩になるだろう。

こうして世界を巻き込んだリーマンショックに続く、新たなゲームが始まった。

# 第一章　ついに無保険者が保険に入れた！

ナビゲーターにオバマ保険の相談をする無保険者
写真：ロイター／アフロ

## がん治療薬は自己負担、安楽死薬なら保険適用

悪い知らせと良い知らせは、両方一度にやってくる。

二〇〇八年五月。

オレゴン州スプリングフィールドに住む六四歳の元バス運転手バーバラ・ワグナーは、主治医に肺がんの再発を告げられた。初めてレントゲンに影が写ったのは二〇〇五年。すぐにタバコをやめ、化学療法や放射線治療でようやくここ二年ほど症状が落ち着いていた矢先だった。

介護ヘルパーとして働き、その後ウェイトレスやスクールバス運転手をしながら女手一つで子供を育て、孫まで授かったバーバラ。彼女に人生を終える気持ちの準備などできていなかった。〈もっと時間が欲しい。せめてあともう少しだけ〉

まだやりたいこと、やり残したことが山ほどあるのだ。

ショックを受けて黙りこむバーバラに、主治医は今度は良い知らせのほうを告げた。

「でも大丈夫ですよ。良い新薬が出ていますから」

ターセバというその薬には、がんの進行を遅らせる効果があるという。

バーバラは深いため息をつき、低所得層のための医療保険制度を持つオレゴン州の住民であることに、心の底から感謝した。

オレゴンは静かでリベラル色の強い州だ。最後に共和党州知事を選出したのは一九八二年。以来二一年間民主党知事が続いており、州議会は過半数が民主党議員、州民も圧倒的に民主党支持者が占めている。バーバラの住む人口六万人の町スプリングフィールドの住民も、昔から民主党員ばかりだった。

アメリカには六五歳以上の高齢者と障害者・末期腎疾患患者のための「メディケア」、最低所得層のための「メディケイド」という、二つの公的医療保険がある。このうち州と国が費用を折半するメディケイドの受給条件は、国の決めた貧困ライン以下の住民が対象だ。

だがオレゴン州では「できるだけ多くの州民に医療保険を」と考えた民主党議員を中心に、独自の医療保険制度「オレゴンヘルスプラン（ＯＨＰ）」を設立していた。バーバラのような、メディケイドを受給するほど最底辺ではないが所得が低くて民間保険に入れない者は、OHPを通して民間保険に加入することができる。

OHPの医療費支払いには「いのちに関わる医療行為から、改善の見込みが低い治療」まで、州独自の基準で優先順位がつけられていた。三年前、まだ初期ステージだったがん治療費用をOHPが支払ってくれたときのことを思い出し、バーバラはなんとか気持ちを落ち着けた。病気の再発はショックだが、まだ希望はあるのだ。

だがその希望は、後日OHPから届いた一通の手紙によって、打ち砕かれることになる。

〈がん治療薬の支払い申請は却下されました。服用するなら自費でどうぞ。代わりにオレゴン州で合法化されている安楽死薬なら、州の保険適用が可能です〉

州からの支払いがなければ、バーバラのような低所得患者がひと月四〇〇〇ドル（四〇万円）のがん治療薬代を支払うのは不可能だ。だが一回五〇ドルの安楽死薬なら、自己負担はゼロですむ。

のちに、この手紙について地元のテレビ局に聞かれたOHP事務局の担当者は、治る見込みのない患者に高い医療費を使うよりも、その分他の患者に予算をまわすほうが効率が

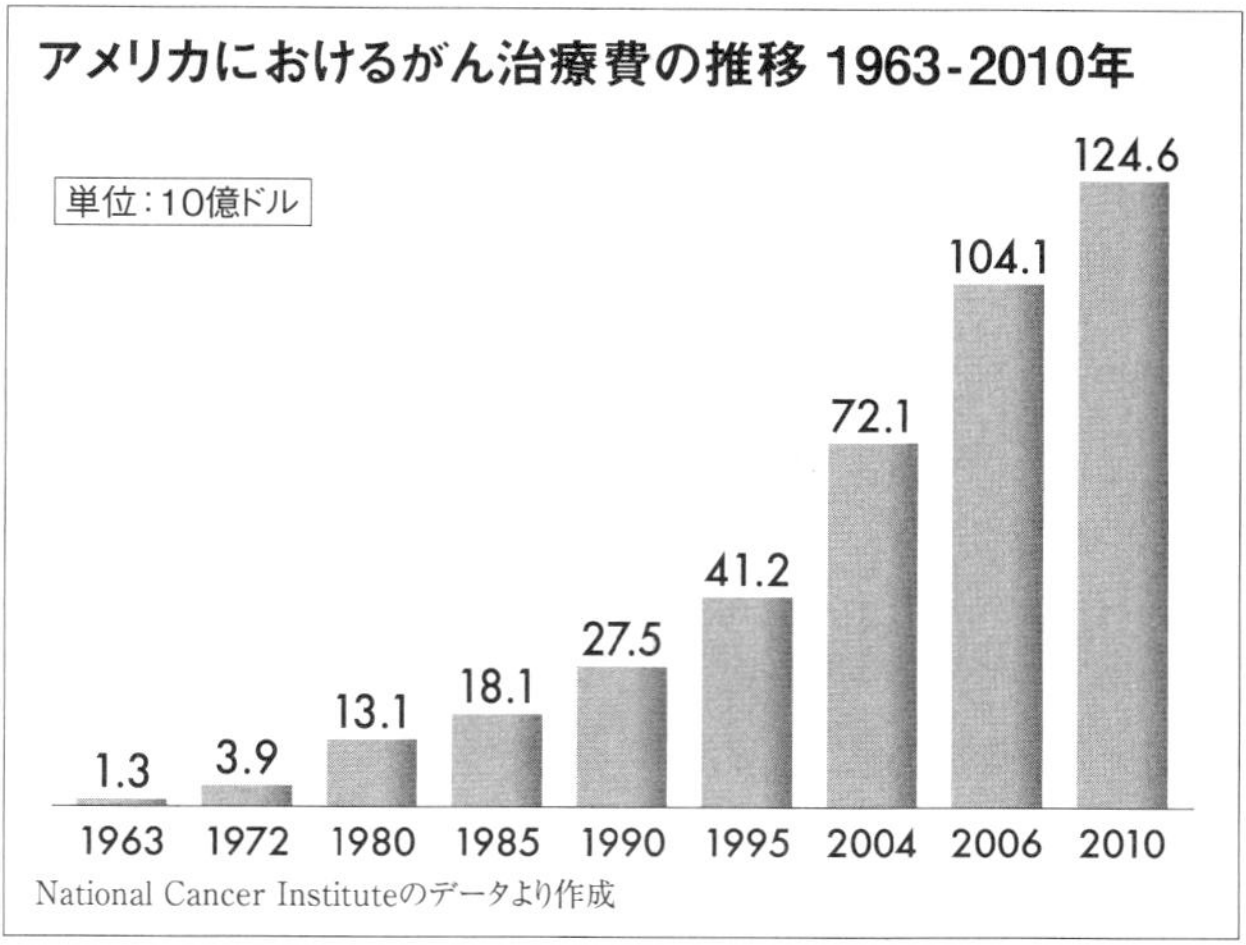


良いと発言し、波紋をよんだ。

アメリカの多くの州がそうであるように、オレゴン州も財政難に苦しんでいる。ＯＨＰも発足六年目で費用が二倍にふくれあがり、二〇〇四年には新規加入者の受付を停止せざるをえなくなった。

そしてその後ずっと、事務局長が言うように、コスト削減のプレッシャーにさらされ続けているのだ。

人生の終わり方を自分で選ぶという崇高な目的をかかげて導入された〈尊厳死法〉はいつの間にか、ふくれあがる医療費に歯止めをかける最大の免罪符になっていた。

患者が安楽死を選ぶ場合、医師は処方箋だ

け は書くが、服用は自己責任で行われる。

オレゴン州の薬剤師の多くは、カウンター越しに薬を渡しながら、親切にこう説明してくれるという。

「いいですか、服用する際はアルコールか軽いスナックを食べてからにして下さい。そうすれば胃が荒れずに、薬が体内でスムーズに吸収されますからね」

この事件から二年後の、二〇一〇年三月。

オレゴン州のOHP制度と同じコンセプトで作られた、アメリカ初の皆保険制度、医療保険制度改革法が、成立した。

## 自己破産理由のトップは「医療費」

リーマンショック以降、一九三〇年代大恐慌以来の不況を迎えたアメリカは、想像を絶する貧困大国と化している。二〇一四年にカリフォルニア大学バークレイ校経済学部エマヌエル・サエズ教授とロンドン経済大学のガブリエル・ザックマン教授が行った調査によると、アメリカでは資産二〇〇〇万ドル（二〇億円）以上の上位〇・一パーセントが、国全体の富の二〇パーセントを所有しているという。

全体の八割を占める中流以下の国民の富はわずか一七パーセント。七秒に一軒の家が差し押さえられ、労働人口の三人に一人が職に就けず、六人に一人が貧困ライン以下の生活をするなか、年間一五〇万人の国民が自己破産者となってゆく。

自己破産理由のトップは「医療費」だ。

アメリカには日本のような「国民皆保険制度」がなく、市場原理が支配するため薬も医療費もどんどん値が上がり、一度の病気で多額の借金を抱えたり破産するケースが珍しくない。国民の三人に一人は、医療費の請求が払えないでいるという。

民間保険は高いため、多くの人は安いが適用範囲が限定された「低保険」を買うか、約五〇〇〇万人いる無保険者の一人となり、病気が重症化してからER（救急治療室）にかけこむ羽目になる。世界最先端の医療技術を誇りながら、アメリカでは毎年四万五〇〇〇人が、適切な治療を受けられずに亡くなってゆく。

大半の労働者は雇用主を通じた民間保険に加入するが、保険を持っていても油断はできない。利益をあげたい保険会社があれこれ難癖をつけ、保険金給付をしぶったり、必要な治療を拒否するケースが多いからだ。驚くべきことに、医療破産者の八割は、保険加入者が占めている。

この状況のなか、オバマ大統領は、国民に向かってこう宣言した。

「もう誰も、無保険や低保険によって死亡することがあってはならない」

アメリカに〈皆保険制度〉を入れること。かつてヒラリー・クリントンが試みて、業界の圧力でつぶされた大改革は、オバマ大統領の公約の一つだった。

二〇一〇年三月。共和党をはじめとする強い反対勢力を押し切って、オバマ大統領は「医療保険制度改革法」に署名した。

反対派がつけた「オバマケア」という呼び方には批判がこめられていたが、二〇一二年一〇月にオバマ大統領が「意外といい」などと発言して以降、「オバマケア」は定着しつつある。何よりもこの法律によって、今後アメリカでは医療保険加入が、全国民の「義務」になるのだ。

保険会社が既往歴を理由に加入拒否したり、病気を理由に一方的に解約することも今後はできなくなる。加入者に支払われる保険金総額の上限を撤廃する一方で、医療破産を防ぐために患者側の自己負担額には上限がつけられた。収入が低ければ一定額の補助金が政府から支給され、従業員五〇人以上の企業には社員への保険提供を義務化、公的医療の「メディケイド」枠は拡大される。こうした政府発表はどれも、高額な医療費や保険で苦しむ国民にとって、いいことずくめだった。

加入義務化を違憲だとする数々の訴訟や、オンライン加入システムの不備など、紆余曲《うよきょく》折《せつ》はあったものの、オバマケアは少しずつ、だが確実にアメリカ国内に浸透しつつある。

ノーベル経済学者のポール・クルーグマン教授はオバマケアの問題は「技術的なもの」だとし、この制度に反対する共和党を現実を受け入れられない「ヒステリー」と批判した。二〇一四年一一月の中間選挙が近づくにつれ、オバマケアをめぐる問題は、識者と大手マスコミによってさらに「政局」化されてゆくだろう。八〇年代以降この国で、巨大なゲームが始まる時、いつもそうだったように。

## くるぶし骨折 医療費 $64,000（640万円）支払いの例（保険別）

＊保険の内容は年齢や既往歴など条件により個人差があり、これは一例である。

＊年間合計=年間保険料+今回支払いとする。

**処方薬＝薬代は別途請求**

＊定額または20%〜50%患者負担。

＊個人プランにより個人差。

＊薬にも自己免責額が別に設定される

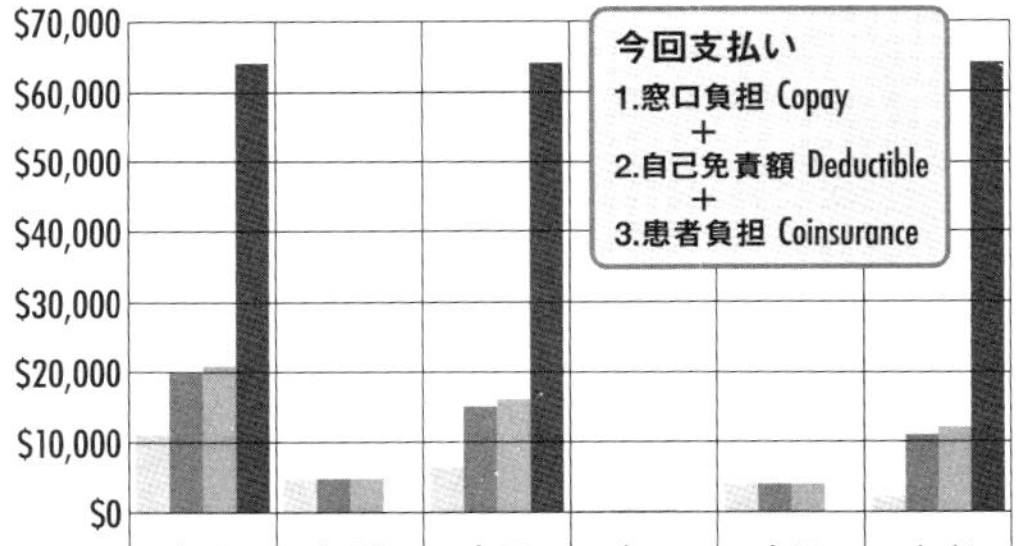


| | 年間合計 | 年間保険料 | 今回支払い | 窓口負担 | 自己免責額 | 患者負担 |
|---|---|---|---|---|---|---|
| Aさん40歳（オバマケア保険）保険会社リスト内の医者・病院で治療の場合 | $11,150 | $4,800 | $6,350 | $60 | $4,000 | $2,290 |
| Aさん40歳（オバマケア保険）保険会社リスト外の医者・病院で治療の場合 | $19,800 | $4,800 | $15,000 | $60 | $4,000 | $10,940 |
| Bさん40歳（民間保険） | $20,848 | $4,800 | $16,048 | $60 | $4,000 | $11,988 |
| Cさん（無保険、全額自己負担） | $64,000 | $0 | $64,000 | $0 | $0 | $64,000 |

### 【オバマケアの最大自己負担額】

＊ 保険会社リスト内の医師や病院 ＝ 本人：$6,350／家族：$12,700。

＊ 保険会社リスト外の医師や病院 ＝ 本人：$15,000〜$20,000／家族：$20,000〜$30,000または上限なし。

＊ このほかに、高齢者・障害者のためのメディケアMedicare および低所得者のためのメディケイドMedicaidがある。

©堤未果オフィス

## 【解説】グラフ くるぶし骨折 医療費 $64,000 支払いの例

Aさん（オバマケア保険）、Bさん（民間保険）は、それぞれ1月1日に保険に加入。翌日に転んでくるぶしを骨折して入院し、$64,000の医療費が発生。医者には全部で3回行き、窓口負担（Copay）は1回あたり$20（$20×3回＝$60）。

### AさんとBさんの今回支払い合計は？

**■Aさん（オバマケア保険）**

①保険会社リスト内の医者・病院で治療の場合

★最大自己負担額 $6,350

自己免責額（40歳なら）$4,000 ＋ 窓口負担 $60

＋ 患者負担 $2,290 = **$6,350**（合計）

②保険会社リスト外の医者・病院で治療の場合

※最大自己負担額は保険会社が自由に決める

（40歳なら大体$15,000〜$20,000）。

★最大自己負担額 $15,000 の場合

自己免責額（40歳なら）$4,000 ＋ 窓口負担 $60

＋ 患者負担 $10,940 ＝ **$15,000**（合計）

**■Bさん（民間保険）**

治療費 $64,000 - 窓口負担 $60 - 自己免責額 $4,000 ＝ $59,940

患者負担（治療費の20%の場合）: $59,940 × 20% ＝ $11,988

★最大自己負担額 $15,000の場合

$15,000 ＞ $11,988 → すべて支払う。

自己免責額 $4,000 ＋ 窓口負担 $60

＋ 患者負担 $11,988 ＝ **$16,048**（合計）

＊ かかりつけ医での軽い風邪や問診のみなどの場合、自己免責額は使用しない。
＊ けがの治療や専門医にかかった場合は、自己免責額をまず支払う必要がある。
＊ 急なけがや病気の場合、リスト内の医者や病院かどうか確認する時間がないため、ほとんどは後で法外な請求が来てはじめてリスト外の医者や病院だったことを知る。

## 夢から覚めたら保険料が二倍に

「繰り返します。今の保険に満足している人は、変える必要はありません」

「この法律によって、アメリカ国民の保険料は平均二五〇〇ドル下がります」

――バラク・オバマ大統領

二〇一三年五月。

ジョージア州ブランズウィック市に住む五三歳のアンジー・トンプソンは、一通の手紙を前に、キツネにつままれた気持ちになっていた。差出人は彼女と夫が一〇年以上加入している、大手医療保険のカイザーパーマネンテ社だ。

〈あなたの現在の家族用保険プランは、このたびの医療保険法改正に伴い、二〇一三年一二月をもちまして解約となりますことをご了承ください〉

医療保険法改正とは、二〇一〇年三月にオバマ政権下で成立した「オバマケア」のことだ。アメリカの医療問題を一歩前進させる改革として、テレビで取り上げられている。

アメリカでは、医療保険は「自己責任」だ。国民の三人に一人が雇用主を通した医療保険に加入するアメリカでは、失業すると保険から外され、無保険にならないためには次の仕事が見つかるまで高額なつなぎ保険に入らなければならない。

リーマンショック以降多くの人々が、仕事を失うと同時に無保険者となっているという新聞記事を、アンジーも何度か目にしていた。

医療費が恐ろしく高いこの国で、無保険でいることはどれだけ不安だろう。絨毯《じゅうたん》クリーニング業を営む夫と共に民間の医療保険に加入しているアンジーは、保険を失ったという人々の話を聞くたびにぞっとする。

アンジーと夫が加入する保険は、月々の保険料が二人で六〇〇ドル（六万円）。保険会社から保険金が出る前の免責額（患者側の前払い金）が一人四〇〇〇ドル（四〇万円）、診療窓口負担が毎回二〇ドル（二〇〇〇円）に処方薬自己負担額が一回四〇ドル（四〇〇〇円）と、年間コストは合計約一万三〇〇〇ドル（約一三〇万円）だ。

子供もすでに成人して家を出ており、中年太りを除いては特に持病もない二人は、保険適用範囲を必要最低限に抑え、その分歯科と眼科をつけるようにプランを組んでいた。アンジーは二年前に公立図書館の司書を解雇されていたが、贅沢《ぜいたく》をせず上手《うま》く切りつめれば夫の今の収入で二人分なんとか払い続けられる額だ。昔からずっと診てもらっている主治医との信頼関係もあり、病院も家から車で一五分とかからない。

オバマ大統領は、すでに医療保険に加入している国民については変更する必要はないと繰り返していた。自分たち夫婦のように、今のプランに満足している者は現状維持で問題ないのだ。

熱心な民主党員であるトンプソン家は、家族そろってオバマ大統領支持だった。二〇〇八年の選挙ではバッジやパンフレットを持って近隣地区をせっせと回り、集会に出かけ、朝から晩までよく動いた。大統領の就任演説では涙が止まらなかったのを覚えている。

オバマ大統領の公約の一つだった「医療保険制度改革法」。成立のニュースをみた時、夫のリチャードは感慨深い表情でしみじみとこういった。

「共和党の連中に邪魔され続けてきたのによく押し切ったなあ。あの全米トップ弁護士一〇〇人に入るヒラリー・クリントンもつぶされた改革だよ。毎日ERでたくさんの人が保険がなくて死んでるらしい。大統領は、この国の無保険者五〇〇〇万人の夢を叶えたんだ」

オバマケアの素晴らしい点は、保険会社が今までのように持病を理由にした加入拒否や、病気になってからの一方的な解約を違法にしたこと、予防医療を含む一〇項目を保険の必須条件に入れたこと、個人年間負担額の上限を六三五〇ドル（六三万五〇〇〇円）にしたこと、そして全国民の保険加入義務化だという。

「保険加入義務化は社会主義国家への道だとか言って批判している共和党の奴《やつ》らは、まったく勘違いしてるんだよ」

リチャードは馬鹿にしたように言った。

「皆保険なんだから、より多くの人が加入すればその分一人一人の保険料が安くなるし、保険会社と国民の両方にメリットがあるにきまってるだろう。

その証拠にオバマ大統領は、この法律で医療保険料が平均二五〇〇ドル（二五万円）も安くなると言ってる。共和党の連中の、貧乏人のためにはびた一文出したくないっていう考えが、この国を悪くしているんだよ」

アンジーは政策のことはよくわからなかったが、保険料が年間二五〇〇ドル下がるという一点だけで、この法律の重要性を納得できた。リーマンショック以降景気は悪くなる一方で、夫の商売は苦しかった。毎月の保険料が下がれば、ずいぶん楽になるだろう。

だが翌朝目が覚めると、郵便受けにこの手紙が入っていたのだ。

〈きっと何かの間違いに違いない〉

アンジーはキッチンテーブルに広げた保険会社からの手紙を取り上げると、印刷されている番号に電話をかけた。

コールセンターの女性にたずねると、確かにアンジーの加入している保険プランは二〇一三年末で廃止されるという。

「理由は、お客様の加入されていたプランが、新しく通過したオバマケアの条件を満たしていないからです」

「どんな条件ですか?」

「例えば妊婦健診、避妊ピル、大腸検査、薬物中毒カウンセリング、小児医療……」

「ちょっと待って下さい」

電話口でリストを読み上げる女性の声をさえぎって、アンジーは反論した。

「妊婦健診に避妊ピル？　何かの間違いでしょう、私はもう五三歳ですよ」

「はい。でも今後はすべての保険がこれらをカバーしなければ違法となるのです。いろいろ検討した結果、このプランは廃止することが決定しましたので……」

驚いたことに、カイザーパーマネンテ社が解約通知を送ったのはアンジーたちだけではなかった。カリフォルニア州でも個人契約加入者の約半数、一六万人との契約をキャンセルし、同州の個人契約保険市場から撤退するという。

アンジーは受話器を手にしたまま、開いた口がふさがらなかった。

「それで、この後私たちはどうすればいいんでしょうか？」

「政府が設置した〈エクスチェンジ〉で、新しい保険を購入なさって下さい」

「エクスチェンジ」とは、オバマ政権が各州に設置を命じた「保険販売所」だ。そこでは政府の規定条件を満たす保険プランだけが売られており、国民はその中から月々の保険料や適用範囲などを比較し、もっとも自分にあったプランを買うことができる。

所得が低く保険料を払えない人には収入に応じて一定額の補助金が支給されるが、さらに収入が低い人も心配はいらない。年収が貧困ラインの三三パーセント増までなら、国と州が医療費を全額払ってくれる「メディケイド」枠に入れるため、すべての人がもれなく保険を手にできるというしくみだからだ。

〈それならたくさんある選択肢の中から、安くて内容のいい保険を探しておいで。帰ったら俺も一緒にみるから〉

仕事中のリチャードに電話でことのなりゆきを説明すると、夫は取り乱すアンジーを、いつものように自信に満ちた口調で元気づけてくれた。

〈心配ないよハニー、選ぶのは俺たちなんだから。これはむしろ、今のより安くていい保険に買いかえるチャンスだぜ。

俺の予測が外れたことがあったかい？

オバマ大統領も言ってたじゃないか。選択の余地と競争があるとき、消費者はよりうまくやるものだって〉

それから二時間後、リチャードの予測は外れることになる。

*

パソコンで〈エクスチェンジ〉を検索すると、家のすぐそばにあるコミュニティセンターの名前がヒットした。

行ってみると、若い黒人の女性相談員が窓口ではきはきと対応してくれた。〈ナビゲーター・タミカ〉と書かれたバッジをつけている。ナビゲーターとは、保険売り場の相談員のようなものらしい。アンジーの個人情報を聞き取りながら、速やかにパソコン画面に入力してゆく。

彼女によると、アンジーと夫が今まで持っていたのと同じ内容の保険を新しく別な民間保険会社から買う場合、自己免責額は一人につき五〇〇〇ドル（五〇万円）で月々の保険料は二倍の一二〇〇ドル（一二万円）、自己負担合計額の上限は一万二五〇〇ドル（一二五万円）になるという。

「今までと同じ保険を買いなおすのに二倍の保険料ですって？」

「はい。月々の料金を今までと同じにする場合は、かなりグレードを下げることになりますね」

リチャードは選択肢がたくさんあると言っていたが、タミカが並べた選択肢はたった三つしかなく、最後の一つはどう聞いても〈安かろう悪かろう〉の代名詞のようなプランだった。

実はここに、アメリカ国民の大半が知らない、恐ろしい事実の一つがある。

全米五〇州のうち四五州は、保険市場の五〇パーセント以上が一社か二社の保険会社に独占されているのだ。

結局予算内に収まるのは、毎月の保険料が安い六〇〇ドルだが、その分免責額が六〇〇〇ドルというプランだった。

免責額とは、保険会社から保険金がおりる前に支払わなければならない前金分をさす。

つまりアンジーたちの場合、最初の六〇〇〇ドルまでの医療費は一〇〇パーセント自己負担、それを全額支払い終わって初めて、保険金の支払いが始まるのだ。通常月々の保険料が安いほど、この免責額は高くなる。

そのプランは病院の窓口料金などの自己負担の合計額が年間一万二五〇〇ドルで、歯科と眼科は対象外だった。

だがタミカの説明の中で一番ショックだったのは、処方薬が今までのように一回の処方ごとに三〇ドル（三〇〇〇円）の定額払いから、種類によって毎回薬代の四〇パーセントが自己負担になるという箇所だった。薬価の高いアメリカで、これは大きな自己負担増になる。

「ウソでしょ？　もし高い薬を飲むことになったらすぐ払えなくなるじゃない。そうだ、補助金が出るんでしょ？　うちはいくらもらえるの？」

だが政府補助金の計算をしたタミカは、気の毒そうに首を横に振った。

アンジーたちは六万五〇〇〇ドルの年間所得が、受給条件を超えているため、補助金は一セントももらえないという。

つまり夫妻は、今までよりずっと条件の悪い保険を、自分たちの意思とは関係なく高額の保険料で買わされることになったのだ。それも一生使うことのない妊婦医療・避妊薬、ならびに薬物中毒カウンセリングつきで。

〈いや、薬物中毒云々《うんぬん》はひょっとして使うかもしれない。法外な医療費の請求書が来たと

きに、ショックで現実逃避したくなるでしょうから〉

自虐的になってゆく自分を振り払うように、アンジーは語気を強めた。

「もういい、こんな保険を買ってお金をドブに捨てるより、夫か私のどっちかが病気になってから買うわよ」

「保険を持たない場合は、来年から国税庁に罰金を払うことになりますが」

アンジーは、ぽかんと口を開けてタミカの顔を見返した。

罰金の額は二〇一四年には年間九五ドルか年収の一パーセントのどちらか高いほうになるという。さらにこの金額はその後上昇を続け、二〇一六年には年に六九五ドル（約七万円）か年収の二・五パーセントとなり、世帯収入が六万五〇〇〇ドルのアンジー夫妻は無保険に加え一六二五ドル（約一六万円）の罰金を、翌年の税金還付金から徴収される計算だ。

今までもそうだったように、月々の保険料も毎年値上がりしてゆくだろう。その一方で、長引く不況の下、今後収入がどうなるかの見通しはない。

マンハッタンインスティテュートの調査によると、オバマケアが義務づけた新しい必須項目が入る代わりに、約半数の州で月々の保険料が大幅に値上がりしている。

**オバマケア後の保険料上昇 2013年** （単位：%）

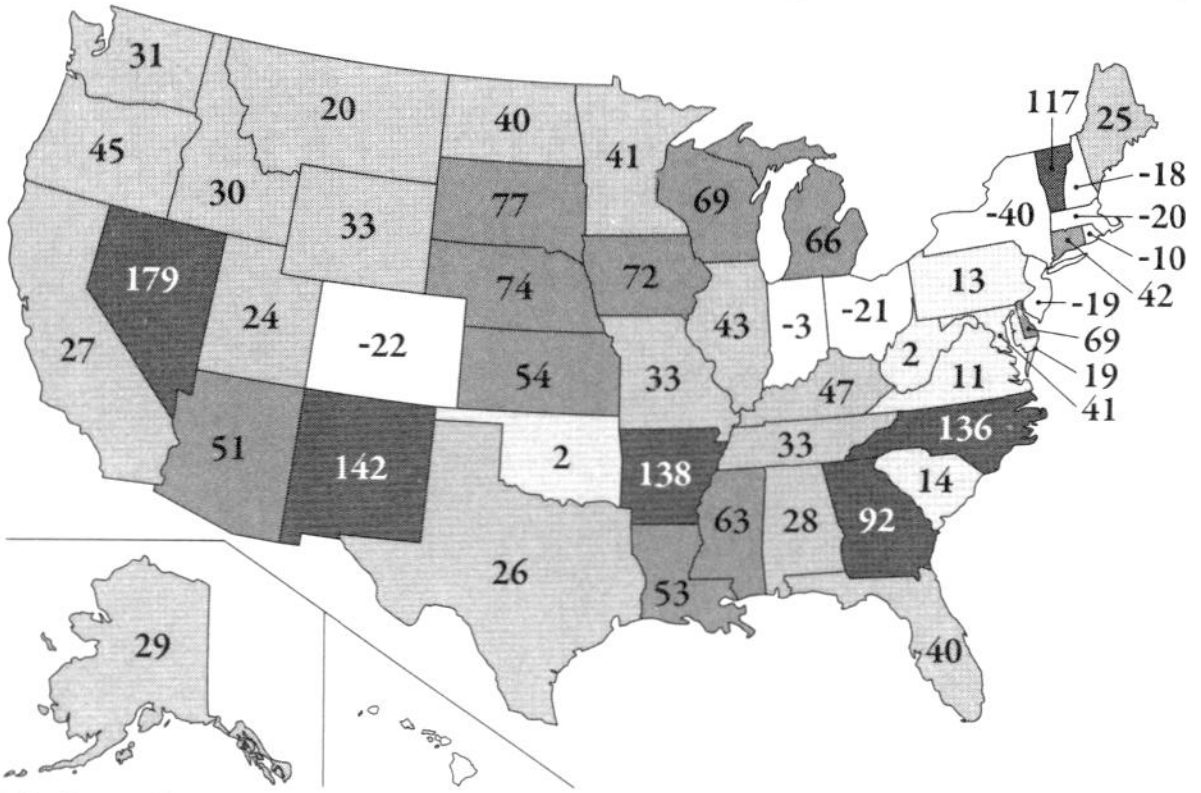


'49-State Analysis: Obamacare To Increase Individual-Market Premiums By Average Of 41%', *Forbs*, 2013年11月4日（http://onforb.es/17HjBtZ）より

ネバダ州一七九パーセント、ニューメキシコ州一四二パーセント、アーカンソー州一三八パーセント、ノースカロライナ州一三六パーセント、アンジーたちの住むジョージア州では九二パーセントの上昇だ。

一方ニューヨークやコロラド、ロードアイランド、インディアナ、マサチューセッツなど、値下がりした州もある。これらの地域はもともと保険が高額だったために、オバマケアの加入義務によって、健康な若者や保険料を節約していた人々がたくさん保険に入ったことで、月々の保険料が下がったのだ。

〈これはいったい、何かの悪い冗談だろう

か？〉

　頭痛がしてきたアンジーは、思わず目を閉じた。

　力強く国民に呼びかけるオバマ大統領の声がよみがえる。

〈どうかもう一度繰り返させてほしい。現在あなたが持っている保険を変更する必要は決してないことを〉

〈この改革は疑いようもなく、この国の経済と、すべてのアメリカ人の生活において大きな利益をもたらすだろう〉

　言葉を失うアンジーに、新しい保険システムのパンフレットを差し出しながら、タミカは快活な口調でこういった。

「この法律のおかげで、この国は今後大きく変わってゆくはずですよ」

　アンジーとアメリカ国民がその言葉の真の意味を知るまでには、それほど時間はかからなかった。

**がんでもＨＩＶ陽性でも保険に入れます。ただし……**

**「我々は、あなたが請求される医療費の自己負担額に限度を設ける。誰も病気を理由に破産することがあってはならないからだ」**

**――バラク・オバマ大統領**

「初めてオバマケアの存在を知った時、この差別まみれのアメリカにとって大きな希望だと思いました」

フロリダ州在住の会計士オスカー・ディアズは、目を潤ませてそう語る。

家電量販店のマネージャーをしていたオスカーの父親は、二〇〇八年四月に血液のがんである、多発性骨髄腫の第三ステージが発覚した。会社を通じた医療保険に入っていたものの、保険会社は何かと理由をつけて支払いを拒み、たちまち毎月の医療費がふくれあがった。

がんと診断され、一〇か月後に亡くなるまでにかかった医療費の合計額は、八六万一三四五ドル（約九〇〇〇万円）、うち保険会社から支払われた保険金は四万ドル（四〇〇万円）のみで、残りはすべて自己負担となった。父親は持ち家を売ったがそれでも足りずに破産し、最後はトレーラーハウスの中で死んだ。

無保険だったら死後の借金はもっと少なかっただろう、とオスカーは皮肉な口調でいう。

「検査入院の段階で破産したでしょうからね」

父親が亡くなって三年後、次の悲劇がオスカーを襲った。定期的に受けているＨＩＶの検査結果が陽性だったのだ。

二九歳で健康なオスカーは、会社の保険に入っていなかった。専門学校の授業料を払うために借りた学資ローンの返済と高い家賃の他に、毎月五〇〇ドル（五万円）の医療保険料を払うのはきつかったからだ。

オスカーのような自発的無保険者の若者は少なくない。彼らは高い保険料を払う分を家賃や他の返済に回し、年をとってから保険に加入しようと考える。

ＨＩＶ感染が発覚した今、オスカーはそのことを心から後悔したが、後の祭りだった。がんやＨＩＶなど治療費が高い病気は、いざかかってから保険に入ろうとしても、多くの場合、保険会社に加入を拒否される。たとえ加入できたとしても、大半は法外な保険料を請求されたあげく、既往歴の病気はカバーされないケースが多い。

案の定、勤務先の提供する民間保険は、HIV陽性であるオスカーの申請を却下した。

二〇〇八年一〇月のリーマンショックで一〇〇〇万人出た失業者は、一年後には一五六三万人にふくれ、拡大を続けていた。政府は景気は多少回復したなどと発表していたが、肝心の雇用は増えず、住宅価格も下がり続け、失業者と保険提供を断念する企業の増加によって、二〇一二年には無保険者は五〇〇〇万人に達していた。

そんななか、職はあるがHIV感染によって会社の保険に入れないオスカーは窮地に立たされていた。HIVウィルス増殖を抑えるために数種を組み合わせる薬の費用は年平均二万ドル（二〇〇万円）。保険があれば自己負担は毎月五〇ドル（五〇〇〇円）ほどの定額ですむが、無保険のままでは五万二〇〇〇ドル（五二〇万円）の今の年収でも、いずれ薬代だけで貯金が底をつくだろう。

追いつめられたオスカーは最後の手段として、会社を辞めて国が最貧困層に提供する、「メディケイド」を受給することを考えた。HIV陽性でもメディケイド受給者ならHIV専用医療保険プランに入れ、検査や医師の診察、処方治療薬の提供などを受けられる。

だがオスカーの申請は却下された。前年の収入がメディケイドの受給要件を上回っていたからだ。数日前に、連邦政府の補助金で運営されるADAPというエイズ治療救済プログラムに問い合わせた時も、同じ理由で断られている。

「死ねというのか？」

そううめいた時、窓口担当者がいった言葉が、オスカーを打ちのめした。

「エイズを発病してからもう一度来て下さい。それなら働けない証明が出せるので、メディケイドの障害者枠に入れますから」

絶望のあまりふさぎこみ、家にこもるオスカーを救ったのは、友人のケビンからの電話だった。彼はC型肝炎に感染しており、やはり保険に入れずにいる。

彼によると、オバマ大統領が去年新しい医療保険改革を成立させ、それによって今後はHIV患者でも保険に入れるようになるという。

「それを聞いた時、涙が止まりませんでした。それまで僕は政治には無関心で、新しい法律のことなんてちっとも知らなかった。二〇〇八年の選挙ではオバマを応援したけど、まさかそんな素晴らしい改革に取り組んでいたとは」

だがケビンの話には続きがあった。

この医療保険改革による全国民の保険加入義務や、各州へのメディケイド拡大要請に対し、共和党や保守系団体が違憲訴訟を起こしたり、巨額の資金を投じて猛烈な反オバマキャンペーンを繰り広げているという。

「〈小さい政府〉を信奉する共和党は、オバマケアで医療が政府に支配され、アメリカが社会主義国になると言って騒いでる」ケビンは言った。

「次の選挙で彼らが支持する財界寄りのロムニー候補が当選したら、オバマケアは必ずつぶされるよ」

〈冗談じゃない、この法律には俺のいのちがかかってるんだ〉

奮起したオスカーは、ケビンと一緒にマイアミ市内にあるゲイ支援団体に問い合わせ、オバマ再選とオバマケアを支援するボランティア活動に参加した。

フロリダ州は激戦区の一つだが、今回はなんとしてもオバマに再選を果たしてもらわねばならない。

だがゲイ・コミュニティの中でも、この法律の中身はおろか、その存在すら知られていなかった。アメリカの医療保険システムは複雑すぎて、国民の大半はそのしくみすら理解していないのだ。

オスカーは連日ケビンと一緒にビーチに立ち、道行く人々にオバマケアの利点をわかりやすく書いたビラを配った。立ち止まってくれる人には丁寧に口頭で説明する。

「オバマ大統領は、どんな立場の人も等しく医療を受けるべきだと言ってオバマケアを作ったんです。金持ち代表のロムニーが大統領になってしまったら、このチャンスはつぶされる。ますます庶民が切り捨てられる社会になりますよ」

オスカーは知らなかった。

「オバマケア」が、実はロムニー候補がマサチューセッツ州知事時代に成立させた医療保険改革「ロムニーケア」を土台にしていることや、そもそもオバマケア法案自体を書いたある人物の経歴についても。

だが祈りは通じた。フロリダ州はオバマ大統領が僅差で勝利、激戦州の大半を制しての再選だった。

オスカーとケビンは、一緒にボランティア活動をしたゲイ・コミュニティのメンバーたちと、パームビーチのバーで勝利の祝杯をあげた。

アメリカで毎年五万人ずつ増えているＨＩＶ感染者の六割は、オスカーたちのような同性愛者やバイセクシャルの男性が占めている。全米に一一〇万人いる患者のうち、保険に加入しているのはわずか一三パーセントだ。

メディケイドに入れない患者のための救済団体はあるものの、感染者の増大スピードに追いつけないでいる。患者の多くは貧しく無保険で、定期検査をしないため感染に気づかず、次々と新しい相手に感染させてしまう。

ゲイ支援団体のメンバーたちの喜びようは大変なものだった。みなオバマケアが、エイズ撲滅の大きな一歩になると信じていた。この法律が施行されれば、全国民に検診つきの保険加入を義務づけられるからだ。

ＨＩＶだけではない。乳がん、結腸直腸がん、前立腺がんの三大がん予防および検診費用補助と、各種無料サービスも提供される。

目に涙をにじませたケビンがオスカーのほうを向き、着ているＴシャツの胸を指さした。多様性の象徴である虹の絵の下に、躍るような文字がプリントされている。

〈オバマケア前は無保険・オバマケア後は保険加入者。何か質問は？〉

オスカーは微笑みながらうなずいた。ＨＩＶだけじゃない。喘息《ぜんそく》や肝炎、リウマチや筋肉硬化症、そしてがんなど、あらゆる重病や慢性疾患を持つ人々が、オバマケアのおかげで、拒絶や破産の憂き目にあうことを恐れず生きられる社会が、やっとくる。

「今後は保険金の生涯支払い額に天井はなし、既往歴で加入拒否すれば罰金だ。強欲な製薬会社幹部たちが悔しがる姿を想像すると、スカッとするぜ」

ケビンはそう言って笑い、オスカーはがんの父親に届いた無慈悲な請求書の山を思い出していた。あと三年早くこの法律が成立していたら、父はあんなふうに死なずにすんだろう。

## 一粒一〇〇万円の薬

二〇一三年一〇月。オバマケア保険の申請手続きが開始された。多くの国民が殺到したオンライン上の保険販売所は不具合だらけでサーバーがダウン、その大混乱が共和党の容赦ない非難の的になった。

だがオスカーは辛抱強くアクセスし続け、一〇月七日に登録を完了した。選んだのは、月々の保険料が三二五ドル（三万二五〇〇円）で診療費の七割をカバーする、エトナ社のシルバープランだ。自己負担合計額の上限は年間六三五〇ドル。既往歴をはじめ、いかなる理由でも加入拒否をしたら罰金というこの法律のおかげで、HIV陽性でも問題なく加入できたときは思わずパソコンの前で「イエス！（やった！）」と叫んでいた。

だがオスカーは翌月になって、恐ろしい事実に気づかされる。

オバマケアは既往歴や病気を理由にした加入拒否を違法にしたが、多くの保険会社は代わりに、薬を値段ごとに七つのグループに分け、患者の自己負担率を定額制から一定率負担制に切りかえていた。

このやり方だと、HIVやがんのような高額な薬ほど、患者の自己負担率は重くなる。HIVの抗ウィルス薬はもっとも高額なレベル5で、自己負担率は五〇パーセントだ。

オスカーの場合は、まず保険金が支払われる前の自己負担額五〇〇〇ドル（五〇万円）を支払ったうえで、今度は毎月の薬代二四〇〇ドル（二四万円）の五〇パーセントを負担しなければならない。さらに二〇種類以上ある抗HIVウィルス薬のうち、保険が適用される処方薬リストに入っていたのは六種類のみだった。ＨＩＶ患者は数種類の薬を飲む必要があり、オスカーの服用する薬のうち、リストにない薬の代金八四〇ドル（八万四〇〇〇円）は毎月一〇〇パーセント自己負担になる。そしてこのリスト外の薬については、六三五〇ドルという最大自己負担上限の適用外なのだ。

オスカーの例は特別ではなかった。調べてみるとほとんどの保険会社が、ＨＩＶ患者を加入させる代わりに、高額なＨＩＶ薬二〇種の半分以上を処方薬リストから外していた。オスカーと同じ目にあったＨＩＶ患者が全米各地で騒ぎ始めた時には、彼らに残された選択肢はすでに狭められていた。それまで約半数の州にあった「慢性疾患患者用救済共同基金」が、オバマケア導入に伴い廃止されていたからだ。

フロリダ州のエイズ患者支援団体は、法外なＨＩＶ薬の自己負担について、オバマケア傘下の保険会社四社に対し訴訟を起こした。

既往歴がある者の加入を避けてきた保険会社は、株主利益を損なわないために、当然別の部分で穴埋めをする。

ＨＩＶ薬と同様、リウマチや心臓病、糖尿病など、慢性疾患薬の多くが処方薬リストから外され、国内トップレベルのがんセンターは保険のネットワークから外された。

医療調査機関アバレア・ヘルスによると、オバマケア保険の九割が、新薬の患者自己負担率を以前の二九パーセントから五〇パーセントに値上げし、患者が新薬による治療をあきらめるような状況を設定している。

同じ頃、オスカーと同様オバマケアによってめでたく保険に加入できたC型肝炎患者のケビンは、医師から承認間近の新薬を勧められた。

副作用が少なく、インターフェロンを打つ必要もなくなるという。一粒一〇〇〇ドル（一〇万円）のその薬は、もちろん処方薬リストになく、一クール一二週分の薬代について保険会社からケビンに提示された自己負担額は、八万四〇〇〇ドル（八四〇〇万円）だった。

＊

政府が薬価交渉権を持たないアメリカで、薬は製薬会社の言い値で売られ、おそろしく値段が高い。

そのうえ新薬を開発し特許を取れば、長期間マーケットを独占して自由価格で販売できるため、アメリカでは需要が拡大しても薬の値段は下がらないのだ。

アメリカ疾病管理予防センターの二〇一三年データによると、一九九九年から二〇〇八年までの間にアメリカ国内の処方薬価格は倍以上になっており、二〇一二年に承認された薬一二種のうち一一種が、年間一〇万ドル（一〇〇〇万円）を超えている。

薬価がどんどん値上がりする一方で、アメリカ国民は薬づけだ。

ミネソタ州にあるメイヨークリニックの調査では、アメリカ国民の一〇人中七人が最低一種類の処方薬を服用、五人に一人はなんと五種以上の薬を日常的に服用しているという。

医療保険加入を義務化したオバマケアと値上げされた薬の自己負担率が、アメリカ人の医療破産率と国家医療費、そして製薬会社の株価を、今後爆発的に押しあげてゆくだろう。

公益医薬品センターのロバート・ゴールドバーグ副会長は、保険会社のこうした手法を厳しく批判する。

「何千万というがん患者が、今まで毎月六〇ドル（六〇〇〇円）前後の定額負担から月二五〇〇ドル（二五万円）以上を請求されることになる。オバマケアの問題はオンラインの技術的不具合などではない。最大の欠陥は、生死に関わる薬へのアクセスを奪うこの新しいしくみのほうだ」

だがそんな言葉は、薬価決定権を持つ製薬業界にとって、痛くもかゆくもないだろう。ほとんどのアメリカ国民は、オバマケアの背景も、薬価についてどのような決定がされていたのかも知らされておらず、高額な薬の請求書をみて初めてパニックになる。

一方オバマ大統領は、今後一〇年で見積もられる処方薬総額三兆六〇〇〇億ドル（三六〇兆円）のわずか二パーセントにあたる、八〇〇億ドル（八兆円）の値下げと引きかえに、薬価交渉権という選挙公約を放棄するという取引を、業界との間で交わしていた。今後オバマケアで入ってくる膨大な利益を考えると、製薬会社側にとっては、十分お釣りの来る取引だ。

現在オスカーは抗ウィルス薬で免疫を安定させる一方で、かつてない額にふくれあがったクレジットカードの負債額に怯えている。彼はいま、積み上げたキャリアと資産を捨てて、自己破産することを真剣に考えているという。

「最貧困層になればメディケイドに加入して税金で薬代を払ってもらえるし、フードスタンプももらえる。抗ＨＩＶウィルス薬は継続して服用しなければいつ発病するかわからない、途中で払いきれなくなり薬が途絶えてしまう恐怖から逃れるには、最貧困層に落ちることが一番安心かもしれません」

## ホームレス教授

**「企業には従業員に健康保険を提供するか、従業員の医療費をカバーするためのお金を拠出することを義務づける」**

――バラク・オバマ大統領

「オバマケアは労働者とその家族を救う」

二〇一二年六月。最高裁判所の前でこう書いたプラカードを掲げながら、マシュー・ターナーはオバマケアに対する合憲判決を待っていた。

アメリカ初の皆保険制度となるこの新しい法律に、小さな政府信奉の共和党や保守派は反発、「個人の保険加入義務」や「州政府へのメディケイド拡大要請」等に対し、二六州で違憲訴訟を起こしていた。連邦地裁・控訴裁レベルでは「合憲」「違憲」の両判決が拮《きっ》抗《こう》、最高裁判決が六月に出るというニュースを聞いて、マシューはいてもたってもいられずにワシントン行きのバスに乗ったのだった。

判決は「個人の保険加入義務」が合憲、州への「メディケイド拡大要請」は違憲となった。

全国民を保険に加入させる新しい法律「オバマケア」。

この皆保険制度を機能させるために、この法律はさまざまなことを義務化する。マシューがもっとも重要視していたのは、労働者に関する条件だ。

〈社員五〇人以上の全企業は、従業員へオバマケア条件を満たす健康保険を提供すること〉

マシューはオハイオ州ノースカントンの州立大学で非常勤講師をしている。終身雇用の教師と比べて給料はずっと低く、福利厚生もない。契約更新も次の学期が始まる直前に知らされるため、労働環境はとても不安定だ。

アメリカ教育省の二〇一四年データによると、一九七〇年代には約四割だった非常勤講師は、今では全米の大学・短大で七割以上を占めており、大半が貧困ライン以下の生活をしているという。

「学部長ら経営陣の給料は高いですが、その分終身雇用の教師を非常勤講師に入れかえて人件費を大幅に下げているんです。この数十年でアメリカの教育は〈サービス〉に、学生は〈顧客〉に、私たち非常勤講師は低賃金で働かされる〈非正規社員〉にされてしまった。特にブッシュ政権以降、政府は公教育の予算をどんどん減らし、金が欲しければ実績をあげろと言いだした。教育にも企業経営が強制されるようになったのです」

共和党の公教育と教職員組合解体、教員非正規化といった政策に苦しめられてきた全米の教師たちは、政策の転換に期待してオバマ大統領を支持したのだとマシューは言う。だがふたをあけてみると前政権の政策は翻されるどころか強化され、かつては「聖職」と言われた教師たちの貧困率はますます進み、全米で抗議デモが起きているのだ。

非常勤講師たちは、通常いくつかの仕事をかけ持ちして生計をたてている。マシューはフルタイムの非常勤だが、それでは足りず週末にレストランで皿洗いをしている状態だ。

オクラホマ州で非常勤講師をしているマシューと同郷のレイチェル・ブラウンは、風邪をひいた息子の治療費を払ったら水道代が払えなくなり、それ以来光熱費と水を節約するために夜遅く大学のジムに忍びこんで、シャワーを浴びるのだという。

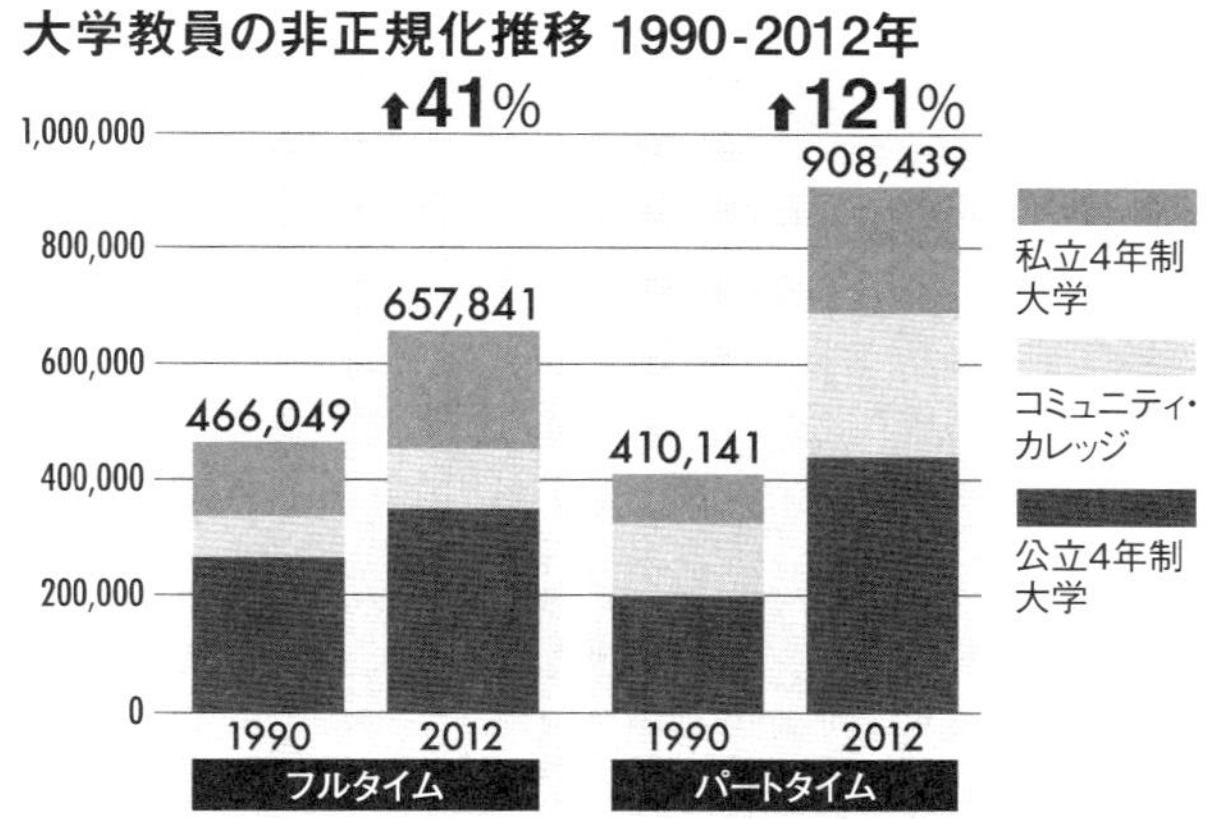

Donna M. Desrochers and Rita Kirshstein, 'Labor Intensive or Labor Expensive? Changing Staffing and Compensation Patterns in Higher Education'（American Institutes for Research）より

「彼女は冗談めかして自分のことを〝ホームレス教授〟なんて呼んでいますが、まったく笑いごとじゃありません。自分だっていつそうなるかわからない。せめて医療保険だけでも大学が提供してくれたら！　といつも思っていました。

　そう思っていた矢先に、ニュースでオバマケアのことを知ったんです。

　ついにオバマ大統領が期待に応えてくれた！　二〇一四年からは医療保険に入れるようになる。病弱な息子を抱えていつも医療費の心配をしているレイチェルにも、早速電話でこのグッドニュースを伝えましたよ。僕も彼女も非常勤だけどフルタイムで、保険提供義務の対象（労働時間週三〇時間以上）ですからね」

だが「企業経営型」にシフト中の大学側にとって、この法律は決して「グッドニュース」ではなかった。フルタイムの教師に保険を提供するための経費をどうするか？　連日の役員会議で、早急な対応が話し合われていた。それから間もなくして、勤務先の大学からマシューに通知が送られてくる。それは今後すべての非常勤講師が、週三〇時間のフルタイムから週二九時間のパートタイムに降格されるという知らせだった。

全米の大学では非常勤講師だけでなく、教員助手やバスの運転手、食堂スタッフ、用務員や事務員、守衛、体育コーチなどが次々にパートタイムに降格か、解雇された。

二〇一四年五月、オクラホマ州スィートウォーターの学区は、オバマケアによる医療保険提供で発生する年間二七〇万ドル（二億七〇〇〇万円）の支出が経営を圧迫するという理由から、パートタイムの大学職員二五〇人以上の勤務時間を短縮すると発表した。ミシガン州郊外のコミュニティカレッジでは、大学が年間一二万ドル（一二〇〇万円）の医療保険費用を回避するために、スクールバス運転手二〇人が勤務時間を減らされている。同じ理由で、インディアナ州、コロラド州、ミシシッピ州、サウスダコタ州、ジョージア州、ニユーハンプシャー州、バージニア州などの大学も次々に後に続いているのは、決して偶然ではないだろう。

マシューがパートタイムへの降格に抗議すると、大学側はこう言ったという。

「ならばその分の何百万ドルを、授業料に上乗せするしかなくなるぞ。君たち契約社員のために、顧客である学生を苦しませろというのかね？」

共和党は待ってましたとばかりに「アメリカ経済に打撃を与えた」としてオバマケアを批判し、政府広報官とリベラル系マスコミは「パートタイム労働者の急増が、オバマケアによるものだという証拠はどこにもない」と反論した。

だがこれは苦しい言い訳だった。

二〇一二年四半期以降、三一〜三四時間の労働人口の変化に比べ、二五〜二九時間の労働人口は過去一四年最大幅の二倍に跳ねあがったからだ。パートタイム化の波は翌年二〇一三年の上半期にさらに加速、アメリカ人労働者の平均労働日数は、過去最短となっている。

## 皆保険制度でパートタイム国家に？

**「自分や従業員に対する責任を回避することでこのシステムを玩ぶ企業や個人は許されない」**

**――バラク・オバマ大統領**

オバマケアが成立してすぐ、多くの企業と組合がホワイトハウスにおしかけ、自分たちをオバマケアの「従業員への健康保険提供義務」から免責してほしいと要請した。大半が中小企業や、安い時給で社員を雇っているファストフードやチェーン量販店などだ。飲食業の多くが店員に提供している、全米で三一〇万人が加入する週一四ドル（一四〇〇円）で年間わずか二〇〇〇ドル（二〇万円）分の医療費をカバーする最安値保険「Mini-Med」は、オバマケアの規定を満たさないため、今後は使用不可になる。

全米一万四〇〇〇か所の店舗に約三万人の店員を雇っているマクドナルド社は、「オバマケアの条件を満たす医療保険を全従業員に提供すると、各店舗ごとに最大三万ドル（三〇〇万円）のコストがかかる」と猛烈に抗議、他のファストフード店もこれに同調した。飲食業界だけでなく、不況で社員への保険提供を廃止していた多くの中小企業も困り果てていた。

理由は人件費だ。

社員五〇人以上の企業がオバマケア指定の保険を提供した場合、人件費が一人につき時給で一・七九ドル（約一八〇円）、物価の高いニューヨーク州やニュージャージー州なら三・七九ドル（約三八〇円）加算されることになる。

企業は社員の地位に関係なく全社員に同レベルの保険を提供しなければならず、もし社員が企業保険以外のメディケイドやオバマケア保険を購入した場合、社員総数から三〇を引いた人数×二〇〇〇ドルの罰金を支払わなければならない。つまり五〇人の会社なら四万ドル（四〇〇万円）、一〇〇人の会社なら一四万ドル（一四〇〇万円）の罰金だ。

さらに、企業が提供する保険が社員の給与の九・三パーセントを超えた場合も罰金が発生する。その社員は自動的に企業保険を外れてオバマケア保険に送られ、企業が支払う罰金は一人につき三〇〇〇ドル（三〇万円）にあがる。

企業の財務幹部たちは、オバマケアによる人件費上昇についていくつかのシミュレーションを行った。

オバマケアに従い社員に保険を提供すれば、人件費は一人につき時給一・七九ドルアップする。提供せず罰金を支払う場合の上昇は九八セント（約一〇〇円）だ。

いったい保険を提供した場合とそうでない場合とで、売り上げにはどの程度差が生じるだろう？

これが一〇〇〇人規模の大企業なら、医療保険と引きかえに社員の給料を下げられるうえに、企業負担分は税控除の対象になり、大口購入交渉で割引もさせられる。だが飲食業界などもともと社員の給与自体が低かったり、時給で雇っている企業は、保険を買うことで得られるメリット自体が薄いのだ。

マッキンゼー社の調査によると、全米企業の約半数が罰金を払って企業保険を廃止するほうを選んだ。リストラで社員を四九人に減らす企業もあったが、もっとも多かったのは、今いるフルタイム社員の勤務時間を減らし、大半をパートタイムに降格するパターンだ。

オバマケア成立翌年の二〇一一年末の時点で、四五〇万人が雇用保険を失っている。

## アメリカ各州の小売り業界の雇用と労働時間推移 2011-2013年

| | 雇用 | 週平均労働時間 | | 雇用 | 週平均労働時間 |
|---|---|---|---|---|---|
| アリゾナ | ↑ | ↓ | ミズーリ | ↑ | ↓ |
| ハワイ | ↑ | ↓ | ネバダ | ↑ | ↓ |
| イリノイ | ↑ | ↓ | オハイオ | ↑ | ↓ |
| インディアナ | ↑ | ↓ | ユタ | ↑ | ↓ |
| アイオワ | ↑ | ↓ | ヴァーモント | ⇔ | ↑ |
| ミシガン | ↑ | ↓ | ワシントン | ↑ | ↓ |
| ミネソタ | ↑ | ↓ | ウエストヴァージニア | ↑ | ⇔ |

Naomi Lopez Baumann, 'Obamacare May Be Causing A Shift To Part-Time Workers In Illinois', *Forbs*, 2014年2月24日(http://onforb.es/1o1wMKa)より

ある企業の社長は、これを雇用創出への貢献だとさえ言った。

「一人フルタイムを減らせば、二人がパートタイムの職に就ける」

これが企業側のロジックだった。

政府は〈雇用者数改善〉を大々的に政権の実績として強調し、大手マスコミも景気回復の兆しをヘッドラインで報道した。だが実はその内訳をみると、突出して多いのはパートタイム労働者なのがよくわかる。

もっとも打撃を受けたのは、ワーキングプア人口の四人に一人を占める「八大低賃金サービス業」、ウェイトレスやウェイター、調理人、販売員、用務員、介護士、レジ係、メ

イドといった人々だ。彼らは賃金が安いうえに、勤務時間を減らされてますます生活が苦しくなる。

ロサンジェルスのファストフード店ウェンディーズで働くシングルマザーのマリア・ロドリゲスは、二〇一二年六月にフルタイムの店長からパートタイム店員に降格された経験をこう語る。

「ただでさえ時給が安いのに、いきなり勤務時間を三〇時間以下に減らされて、すごく困っています。また別のパートを探してかけ持ちしないとなりませんが、今後は医療保険に入らないと罰金でしょう？　私の収入なら政府から補助金が出ると言われたけど、収入の中から食費や光熱費、家賃を払ったら、たとえ少額でも毎月の保険料を払う余裕は全くありません」

現在アメリカで、雇用主を通じて保険に加入している人口は一億七〇〇〇万人だ。前述したマッキンゼー社の試算によると、保険提供を継続する予定の半数の企業群も、オバマケア規定を満たす保険は以前より高額になるという。そのため、たとえ企業が提供したとしても社員側が毎月の保険料を払えなくなり、結局企業保険をあきらめてオバマケア保険に入ることになるパターンが増えている。マリアのように企業保険もなくオバマケア保険の自己負担も払えないという「穴」に入りこんでしまい、ついに無保険を選んでしまう国民は、二〇一六年までに約三〇〇〇万人出る見込みだ。

中小企業連合CEOのダン・ダナー氏は、オバマケアは、アメリカの中小企業を衰退させ、中流の労働者から〈企業保険〉を奪う悪法だと批判する。

「この法律は、中小企業に四九人以上のフルタイム労働者を雇えなくするよう追いこむ内容だ。個人で入るよりずっと安くて条件のいい〈企業保険〉は、アメリカの国内産業と労働者を支える重要要素の一つだった。これが失われることで、中流以下の労働者の生活はますます苦しくなるだろう」

飲食業界や中小企業の反発の大きさに驚いた政府は、企業の保険提供義務の実施を二〇一四年に先送りし、その後さらに二〇一四年一一月の中間選挙時期を外した二〇一五年一月（一〇〇人以上の企業）と二〇一六年一月（五〇〜九九人の企業）へと再延長した。

だが企業側はもちろん、延長イコール廃止ではないことを知っている。

二〇一四年半ばまでに、社員五〇人以上の企業約四〇〇社が従業員の勤務時間を三〇時間以下に減らすことを発表、ＵＰＳやウォルマートなどの大手企業は、こぞって配偶者保険を廃止した。

皆保険を旗印にした医療保険改革〈オバマケア〉。この法律がもたらすものが、八〇年代以降全政権が進めてきた、労働者の非正規化を後押ししているのは、果たして偶然だろうか？

今や労働市場は非正規化の次なる段階へと進み、アメリカはパートタイム国家へとシフトし始めている。

これはいったい医療保険改革なのか、それとも別のものなのか？

その問いを当事者としてかみしめる、アメリカ国内産業を支え続けてきたもう一つのグループがいた。

## 「やられた……、労働組合が消滅する」

二〇一二年九月。

全米板金空調鉄道交通労組（Sheet Metal, Air, Rail and Transportation Union）のジョゼフ・ニグロ会長は、四年に一度行われる「米国労働総同盟産別会議（AFL-CIO）」全国大会の席で悲痛な表情を見せながらこう言った。

「オバマ大統領の医療改革をやられたら、次回の大会ではこの会場の四分の一しか埋まらないだろう。なぜなら四年後には、我々のほとんどがもういなくなっているからだ」

全米防水屋根事業労組（United Union of Roofers, Waterproofers and Allied Workers）も同じ警告を出した。オバマケアがアメリカ国内の労働組合と、そこに所属する組合労働者を危機的状況に陥れる。労組はなんとしてでも同法の撤廃に向けて働きかけるべきだというのだ。

参加者はみな落胆し、会場は重い雰囲気に包まれていた。

労働組合はオバマ大統領の強力な支持母体で、二〇〇八年、二〇一二年の両選挙では大規模な組織的集票戦を展開した団体だ。「オバマケア法」を成立させるために、彼らは全米にいる何百万人もの組合員を総動員し、この医療保険改革は、「まさにこの国が待ち望んでいた最高法の一つ」だと高らかに宣言した。

共和党や保守派の反対論が世論に浸透するのを防ぐために、徹底した草の根戦略でオバマケアのメリットを各地域に拡散した。少しでも疑問や批判をする声が出れば、飛んで行って訂正するか、オバマと民主党に対する根も葉もない政治的謀略だとして速やかにつぶしてゆく。

オバマケアが彼らが思っていたようなものではないばかりか、労働組合の存在そのものを脅かす危険性を秘めていたことに幹部たちが気づいたのは、法律が成立した後だった。

「やられた……、労組が消滅させられる。そう思いました」

四五万人の組合員を持つ巨大ホテル労組「UNITE－HERE」のメンバーの一人、アーロン・ウィリアムズは、オバマケアへの危機感をこう語る。

「この法律は、何十年もの間この国の労働組合を守ってきた〈タフトハートレイ（労使関係）法〉をいとも簡単に壊してしまったのです」

一九四七年に誕生した〈労使関係法〉。

第二次世界大戦後の賃金物価統制令の下、政府は企業に労働者の待遇を福利厚生の形で改善させようと、社員用医療保険などを税控除の対象にした。

**アメリカの中間層の所得と労組組織率の推移**

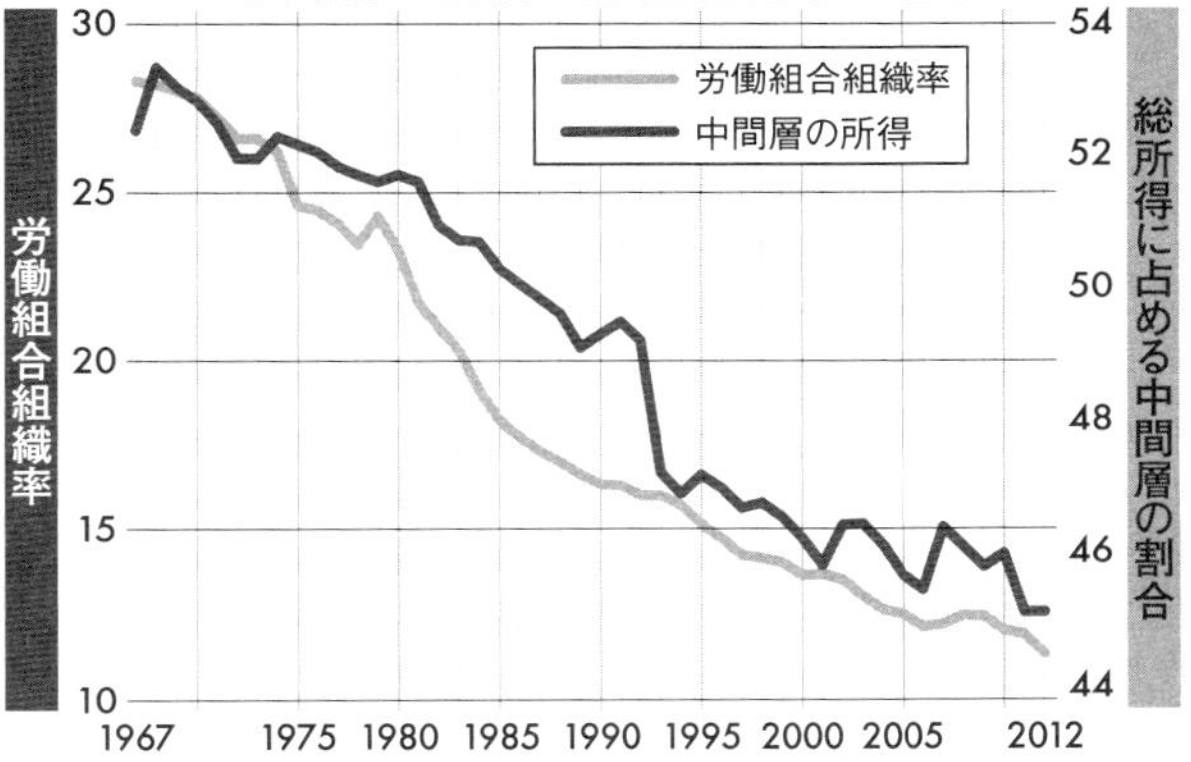


Barry T. Hirsch, David A. Macpherson, and Wayne G. Vroman, 'Estimates of Union Density by State,' *Monthly Labor Review*, Vol. 124, No. 7, July 2001およびアメリカ合衆国国勢調査局のデータをもとに作成

さらにそれまで個別の企業ごとだった労使関係が産業別の巨大労働組合に進化したことで、アメリカ国内の労使関係は大きく変化してゆく。

労働者は組合を通じて企業側と団体交渉ができるようになり、組合員の数が多いほど力を持つようになった。

多くの従業員を持つ大企業が、民間医療保険会社から大幅な値引きと充実した内容の商品を買えるように、産業別労働組合もまた、数の力で保険会社と交渉できるのだ。

「ですが九〇年代以降、国内の製造業が人件費と材料の安い海外に工場を移すようになったことで、労働組合の組織率は一三パーセントまで激減しました。人件費を極力下げたいグローバル大企業にとって、労働組合は労働者の権利を代弁する忌々《いまいま》しい存在でしかありません。彼らはあの手この手で労組解体を進めています。

私たち労働組合は、団体交渉権を使うことで、個人で買うよりも安価で充実した医療保険を労働者に提供し続けていたのです」

「今アメリカでは、労働者が医療保険を失うことを怖れて、条件の悪い仕事でも辞められないことが問題になっていますね？」

「ええ、まさにそこが、労働組合が提供する健康保険の最大の強みなのです。個々の労働者と会社という一対一の関係ではなく産業別なので、同じ業種内ならば会社が変わっても組合保険はそのまま維持できる。

組合保険の利用者は主に、土木関係や芸術、娯楽産業やマスコミ関係者などですね。彼らのように雇用が不安定な業界で働く人々にとって、個人で買うよりずっと安くて条件の良い労組の健康保険がなくなったら、一気に生活が苦しくなってしまう」

「オバマケアは無保険者に保険を与える画期的な改革だったはずでは？」

「私たちもそう思っていましたが、こうしていざ始まってみると、どうみても労組解体の最終章としか思えない。そしてそれはこの国の労働者を守る最後の壁がうばわれることを意味しているのです」

二〇〇九年の全米労組大会でオバマ大統領が宣言した、「今の保険が気に入っていればそのまま維持できる」「全企業は社員に保険を提供するようになる」といった約束を、労組はすっかり信じこんでいた。

だが法案が成立すると、全米各地から、リストラされた、給与が減らされた、会社が保険を廃止したといった組合員の悲鳴が、事務局に殺到し始めた。多くの企業が人件費上昇を防ぐために、社員のリストラやパートタイム化を実施し始めたからだ。

時給一〇ドルの労働者が勤務時間を週あたり六時間減らされれば、年間で三一二〇ドル(三二万二〇〇〇円)の減給だ。組合の保険では政府からの補助金がでないため、労働者は組合保険をあきらめてオバマケア保険に入らざるをえなくなる。

「組合が共同で買う医療保険から、加入者がオバマケア保険に取られてしまえば、『賃上げは無理でも福利厚生を交渉で勝ち取る』という、組合の存在意義は消滅してしまいます」

そして勤務時間や収入が減らされた労働者たちが組合費を払えなくなれば、組織率もさらに落ちるだろう。

危機感を増す幹部たちを、さらなるショックが襲った。

労組の提供する医療保険は、オバマケア保険の基準より充実しすぎているとして〈キャデラック保険〉（キャデラックはアメリカの最高級車）などと名づけられ、今後四〇パーセントの課税対象となるというのだ。

ついに堪忍袋の緒が切れた労組はオバマ政権に猛抗議し、これを実施するなら二〇一四年の中間選挙は民主党を応援しないと、脅しにも近いロビー活動を行った。選挙を控えたオバマ政権は、キャデラック保険課税の対象を、個人で八五〇〇ドル（八五万円）から一万二〇〇ドル（一〇二万円）、家族で二万三〇〇〇ドル（二三〇万円）から二万七五〇〇ドル（二七五万円）まで引き上げ、さらに課税開始時期を二〇一八年まで延期した。

延長という名の一時的免責を与えられた企業と労組の数は合計一四七二にも上ったが、一般の国民は、まさかオバマケアを大宣伝した張本人たちが、法案の中身を知って必死に免責を要請し始めたなどとは、夢にも思わないだろう。

そしてまた、政府にとってこうした延長は、大した問題ではなかった。

先送りはどの国でもよく使われる手法だからだ。

延長期限が切れるころには、政権も変わり、大統領は別の誰かになっている。

「でも労組はオバマ選挙とオバマケアをあんなにも支持しましたね。なぜですか？」

「ここ数十年、労組解体をおおっぴらにやってきたのは共和党でした。『企業を誘致しやすくする』という理由で、全米各州で団体交渉権や福利厚生縮小の法改正が進められてきた。このままでは大企業寄りの共和党によって、この国の労組は消滅してしまう。その流れに対抗する勢力として、民主党とオバマ大統領を全力で推したのです」

アーロンや労組幹部はどこまで知っているのだろう？

全米各州で共和党知事が提出する数々の労組解体法案、その原案を作成しているグローバル大企業群が、いまや組織率の減った労組の献金では維持できない民主党の、新たな大スポンサーであることを。

そして彼らがリスクマネジメントとして、大統領選という投資の場では、常にルーレットの赤と黒両方に、巨額のチップをおくことを。

## 税金で公的保険に加入できたら勝ち組⁉

「支払い可能な保険がないアメリカ人には、国が供給する」

――バラク・オバマ大統領

もしオバマケアの最大の勝ち組は？　と聞かれたら、大半のアメリカ国民はこう答えるだろう。「はじめから何も失うものがない、底辺の人々だ」と。

彼らは、中小企業のように罰金回避のための会社縮小に悩む必要もなく、労働組合のように弱体化や消滅におびえることもない。仕事を持つ労働者たちのように、会社の保険を失うことや、パートタイムへの降格も関係ないだろう。そして何より、「メディケイド」という打ち出の小づちが、月々の保険料も自己負担もなく、医療費をすべて支払ってくれる。

だが本当にそうだろうか。

確かに政府はオバマケアの最大の目的を、無保険者たちに保険証を配り、アメリカを皆保険体制にすることだと強調する。政府は手始めに全米各州に、低所得者用公的医療保障「メディケイド」の枠を広げ、受給基準を緩めるよう要請した。

メディケイドは、所得が少ないだけでなく、子供がいない者は不可、貯金も資産も使い切らなければ受けられないなど、非常に加入条件が厳しい。

だがオバマケアは子供・資産・口座チェックを廃止し、収入要件も貧困ラインの一三三パーセント増（二〇一〇年時点で、個人一万八三〇ドル、四人家族で三万三〇〇〇ドル）まで引き上げた。今後は資産があっても子供がいても、銀行口座に貯金があっても、年収部分さえクリアすれば、メディケイドが受給できるようになる。

そして企業保険から外された多くの低賃金労働者は、ナビゲーターのすすめでどんどんメディケイドに入れられていく。

リベラル派や民主党支持者は、これを「オバマケアの勝利」として歓声をあげた。無保険者は保険を持たないゆえに、病気が悪化してからERに駆けこみ、手遅れになるケースが跡を絶たないからだ。彼らの治療費はどこにも請求できず、年間三〇〇〜四〇〇億ドルになる未払い金の八五パーセントには税金があてられ、残り一五パーセントは病院の持ち出しになる。

　サンフランシスコ在住のオバマ保険ナビゲーターの一人で、熱心なオバマ支持者だというウェンデル・シュルツも、無保険の救済に重点をおく一人だ。

「皆保険はアメリカ国民の夢でした。医療を受けるという基本的人権の一つがないがしろにされていた今までが、本当に異常だった。私は相談に来た人が、メディケイド受給者の条件にあてはまるといつも自分のことのように嬉しくなり、祝福するんです。〈今日はあなたにとってラッキーデイよ〉と。メディケイドこそ、みなが助け合っていのちと健康を守る制度ですよ」

「みなとは誰ですか？」

「金持ちですよもちろん」とウェンデルは答えた。

　これは奇妙な話だった。オバマケアの二大財源のうちの一つは二一項目の増税で、その半数以上は、中流層が対象だからだ。

　だがウェンデルは「そんなはずはない」と語気を強める。

「オバマケアの財源は金持ちへの増税のはずです。富める者からとって、貧しい者たちの医療アクセスを整備するんです。共和党知事のいる州は、どうやらそれが気に入らないようですがね」

「保険加入義務化は国からの強制」と反発して州議会が政府の要請を拒否した二四州では、メディケイドに入れなかった無保険者が増大した。民主党やリベラル派はすぐさまこれを共和党による「いのちの切り捨て」だと批判、すべての州がメディケイド拡大をすべきだと主張し続けている。

オバマケアにより大量の無保険者がメディケイド受給者になることは、ウェンデルの言うようにアメリカ社会を健全な方向へと進ませるだろうか?

「これ以上のメディケイド拡大は、病院にとっては〈爆弾〉だ」

そう警告するのは、ジョンズホプキンズ病院のエドワード・ミラー院長だ。

米国内科学会のデータによると、メディケイド患者は民間保険の加入者より五〇パーセント、無保険者より一三パーセント死亡率が高いという。最大の理由は、国からの治療費支払い率がメディケイドは民間保険の六割と非常に低く、メディケイド患者を診れば診るほど、医師や病院は赤字になってしまうからだ。

「メディケイド患者を受け入れる医師や病院は、どんどん減っています。受け入れ側の負担を無視して加入者ばかり増やしても、いざ彼らが病気になった時に診てくれる医師も病院もみつからないでしょう。結局ERに駆けこんで数時間待たされたあげく、研修医に治療されることになる。これでは無保険者と変わりませんよ」

オバマケアが施行されて半年後の二〇一四年六月、ケンタッキー病院協会のマイク・ラスト会長は、オバマケア後の新規メディケイド患者によって、ERの混雑が全国的に悪化したことを報告、最大の理由はかかりつけ医不足を放置しているからだと批判した。

ケンタッキー州のある救急医は、この状況をこう表現している。

「政府は銀行のキャッシュカードを大量に配ったんです。ただしATMが一か所もない街でね」

## お金がない人の医療費はタダ、後で持ち家を回収される

「メディケアとメディケイドの無駄削減と製薬・保険会社への増税でこの計画の財

源はまかなえる」

――バラク・オバマ大統領

アリゾナ州在住の内科医ジェーン・オリエント医師は、政府やマスコミが知らせない、もう一つ別の問題を指摘する。

「確かに、オバマケアが基準を緩めたことで、メディケイド受給者は大量に増えました。けれど、今まで受給できなかった中流の下あたりの人々は、安易に申請する前に、もう一つよく注意しなければならないことがあります」

「注意するとは?」

「一九九三年に成立した資産回収(Estate Recovery)法です。五五歳以上でメディケアを受給している場合、死亡した時点で州に自宅などの資産を没収され、それまで払った医療費を回収される。これについて、政府もマスコミも推進派もなぜか国民にきちんと知らせていません」

「今までは問題にならなかったのですか?」

「これまでは回収対象が介護施設費用に限られていたのと、資産チェックが厳しかったために、受給者の大半は持ち家のない最貧困層だったのです。けれどオバマケアは資産チェックを廃止して収入条件をゆるめ、回収する費用の対象を、介護施設からすべての医療費にまで拡大しました。裁量は州政府にありますが、今後必ず問題になるでしょう」

これに対しリベラル派は、〈持ち家は配偶者や二一歳以下の子供が住んでいるうちは没収されない〉として、この問題を取り上げるのは大げさだと反論する。

だが本当にそうだろうか。

例えば五五歳を過ぎてから職を失った場合はどうだろう。残された親族は家を担保に借り入れをしたり、経済的理由から売却しようとして初めて、所有権が親ではなく州に移されている事実を知ることになる。

オリエント医師はリベラル派の反論が、問題の本質を見ていないと指摘する。

「失業や低賃金、非正規雇用化によってアメリカ人の収入は年々下がっています。それでも持ち家を手放さないのは、それが最後のリスクヘッジだからですよ。中流層が家まで失って、本当に医療も食事もすべて政府に依存しなければならなくなった時、国民は政治的にも社会的にも本当に無力になってしまう。それはいったいどんな社会でしょう? 私はそれが心配なのです」

オリエント医師の言葉は、オバマ大統領が一期目に同じことを「フードスタンプ」で実施した時のことを思わせる。

あの時政府は巨額の税金を補助金と広告に注ぎいれ、中流層以下の国民にじゃんじゃんフードスタンプを発行し、受給者は五〇〇〇万人を突破した。

これによって巨大な利権を手にしたのは、ファストフード業界とウォルマートなどの大手安売りスーパー、それに課金システムの構築で湯水のごとく手数料が入るウォール街だった。

三つとも、二〇〇八年大統領選挙の献金額で上位に入っていた業界だ。

政府は現在一期目で増やしたフードスタンプ受給者たちを筆頭に、めぼしい住民を本人の意思とは関係なく、自動的にメディケイドに入れるよう各自治体に働きかけている。

カリフォルニア、メリーランド、ワシントンの三州では、早速ホームレスシェルターの住人や、出所直後の元受刑者たちを積極的にメディケイドに加入させ始めた。

オリエント医師はフードスタンプ受給者について、彼らは自分たちがメディケイドに加入させられたことさえ知らないのだ、とため息をついた。

「いつの間にかメディケイドに入れられた人々は、ずっと後になって自宅に差し押さえ札がつけられていることに気づいてショックを受けるでしょう。

ふくれあがる医療費をどこからか調達しなければならないとしても、とるべきところは別にあるのです。なぜこんなに医療費が高いのか？　医師たちはみなその答えを知っていますよ。政府は私たちには、絶対に聞いてきませんがね。

オバマケアで次々にメディケイドへ送りこまれる中流の人々に、本当のことを知らせるべきです。中には単純に、医療費が無料になるといって喜んでいる人もいますが、メディケイドは〈福祉〉じゃない、新しい形の〈借金〉ですよ」

皆保険という錦の御旗を掲げながら、メディケイド大国と化してゆくアメリカ。医師や病院の負担は重くなり、当のメディケイド受給者は病気になっても診療予約が取れず、その多くが、残された無保険者と共にERに駆けこむことになるだろう。

「オバマケアの勝ち組は、医療自己負担ゼロのメディケイド患者ではないのですね」

「それは医療現場を知らない、リベラル派の大きな誤解ですね。勝ち組はもっと別にいますよ。メディケイド患者が増えるほどに、税金で支払われる薬代が増える製薬会社の株価上昇率をみればわかります。彼らこそオバマケアの勝ち組ですよ」

**高齢者医療費は三分の一にカットするが、「ただちに影響はない」**

**「私はたとえ一〇セントであっても、赤字を増やす計画には署名しない。高齢者のメディケアは、私が守る」**

**――バラク・オバマ大統領**

あらゆる法律がそうであるように、その成功を決めるもっとも重要な要素は「財源」だ。

オバマ大統領は法案成立スピーチの中で、財源の一つである「高齢者医療費」（メディケア）について「削減」ではなく「無駄をなくす」という表現を使い、国民に向かって、こう呼びかけている。

「高齢者医療が縮小されるなどというほら話に決して惑わされないように……、私は必ず、高齢者のメディケアを守ります」

だがどうやって？

この法律の二大財源の一つは、向こう一〇年で合計五七五〇億ドル（五七兆五〇〇〇億円）の「高齢者医療費カット」なのだ。

財政難のメディケアは、毎年自動的に予算削減案が出されてくる。

だが最強の票田である高齢者に背を向けたくない議員たちは、毎回理由をつけてこれにストップをかけてきた。

オバマケアは手始めにまずこれを外した。二〇一二年から、高齢者治療をした医師の報酬を、三割カットしたのだ。オバマケア財務担当だったピーター・オルザグ予算局長はこの削減についてこう説明している。

「三割カットしたのはメディケアの無駄部分のみ、ただちに影響はない」

だがすでにアメリカで、高齢者治療に対する医師への支払いは通常の治療費の八割しか支払われていないのだ。

一九九七年のメディケア改正法で高齢者医療予算が大きく削減された時は、病院側は倒産を回避するために、看護師の大規模リストラで急場をしのいでいる。

次はいったい、何が犠牲になるのだろう。

オバマ政権下の元メディケア政策担当官フォスター・ブレイブリー氏は、これ以上減らした場合、病院側が高齢患者の診療を止める恐れがあると警告した。

「この国の病院の四割はすでに赤字経営だ。オバマケアの予算カットによって今後一〇年でメディケア患者への治療費支払い率は八割から七割に減らされる。すると少なくとも一五パーセントの病院が、高齢患者を診なくなる。今後ベビーブーマーで拡大する高齢者たちは、いったいどこに行けばいいというのか?」

だがブレイブリー氏の警告は、オバマケアを強力に進める政権幹部と、共和党の批判に反論する民主党員たち、熱狂するリベラル派市民団体などの声でかき消された。

政府はさらに二〇一二年一〇月から、高齢者治療の縮小を現場の医療従事者たちに競わせるシステムを導入した。これは賢いやり方だった。これなら非難は政府ではなく、現場の医師や病院に向けられる。

全米各地に医師と病院関係者からなる「ACO」というグループをいくつも作らせ、削減された予算内で高齢者治療を行わせるのだ。

高齢者の平均治療費を最低額にした病院へボーナスが出る一方で、退院後三〇日以内に高齢者が再来院した場合は治療が不十分だったとみなされ、病院が罰金を支払わなければならない。

高齢者治療の中には、アメリカでもっとも一般的な「膝の人工関節置き換え手術」など、術後検診やリハビリが必要なものが少なくない。だが今後はそれらもすべて、三〇日以内だと処罰の対象になる。

医師と病院に無駄な治療をしないよう工夫させるのだ、という前向きな解釈もある。だが問題はこの予算削減額が、議会ではなく大統領が指名した「ＩＰＡＢ」と呼ばれる独立予算審議委員会によって決められることだ。ここで決められた予算案に不満が出ても、メンバーが民間人のために、議会は一切手が出せなくなる。予算削減案をひっくりかえす方法はたった一つ、議会の三分の二の反対票と同額のコストカット代替案の提出だが、これは実質的に不可能だ。

幸か不幸か高齢者の多くは、オバマケアの財源が自分たちの医療費カットだという事実をほとんど知らず、表立った批判の声は出ていない。代弁者である国内有数の巨大ロビー団体「AARP（全米退職者協会）」も、なぜかこれには沈黙している。AARPは数の力と優れたマーケティング戦略で政治家たちに働きかけ、高齢者医療が有利になるような数多くの政策を成立させた実績を持つ団体だ。メディケア予算削減にもストップをかけるよう、各地の州議会議員に毎年圧力をかけている。そのAARPが、オバマケアを強力に応援したうえに、五七五〇億ドルもの高齢者医療予算削減になぜ反対しないのか？

リチャード・アーメリング博士

ベス・イスラエル・メディカルセンターの腎臓内科医リチャード・アーメリング博士は、この背景にあった政治的な動きをこう解説する。

「いまアメリカの高齢者の四人に一人は、メディケアと民間保険を組み合わせる〈メディケア・アドバンテージプラン〉に加入しています。これは二〇〇三年にブッシュ政権が、メディケア高齢者の薬価交渉権を破棄することと引きかえに導入した制度です。メディケア適用外の眼科や歯科をカバーするため多くの高齢者が加入していたのですが、オバマケアはこのプランの予算を大幅にカットした。政府からの還元率が減った保険会社は、このプランから撤退し始めました。ある試算では、今後七四〇万人の高齢者が、このプランを失うことになるそうです」

「このプランを失った高齢者はどうなるのですか？」

「メディケイドに移動することになるでしょうね。割引されるメディケイド患者の薬と違い、メディケア・メディケイドの二重加入高齢者の薬代は政府から通常の三割増しで払われる。実はこれで小躍りしているのは製薬会社でしょう。高齢者の薬が一番高額ですから」

「AARPはこれについてどんな反応を？」

「彼らは初めは反発していたのですが、不思議なことに、途中から急に一八〇度立場を変えてオバマケア擁護に回りました。今までメディケアの処方薬は、薬代は二八〇〇ドル（二八万円）までと、六四〇〇ドル（六四万円）を超えた分を国が支払い、その間の三六〇〇ドル（三六万円）分は高齢者の自己負担でした。〈ドーナツ穴〉と言われるこの分を、政府は製薬会社に一〇年で八〇〇億ドル払わせることで埋め、高齢者の「自己負担をゼロ」にすると豪語しており、ＡＡＲＰもそこをしつこいくらいに強調していた。

でもこれは変ですよね？　メディケア全体の予算カットのほうがはるかに大きいことを考えると、結局高齢者には、マイナスのほうがはるかに大きくなるはずなのに」

「それをわかっていて、ＡＡＲＰがこの法案支持に回った理由は何でしょうか？」

「彼らは政府と取引したのです。政府としては、ＡＡＲＰに反対されて大票田である高齢者層を怒らせたらオバマケア成立の障害になると考えたのでしょう。全米に四〇〇〇万人近い会員を持つＡＡＲＰは、組織を通して会員たちに独自の民間保険を販売している。ＡＡＲＰの保険だけは特別に予算カット対象から外すという条件で、法案成立に協力することを約束させたのです」

「予算カットからの免責は、ＡＡＲＰにとって高齢者医療費削減より大きかったと？」

「ええ。多くの巨大ロビー団体と同じで、彼らの動きもとても戦略的です。規模が大きいほど活動費も幹部給与も高くなる。オルザグ予算局長が言うように、メディケア予算カットは〈ただちに影響はない〉のです。メディケアのしくみすらよくわかっていない大半の高齢者は、予算カットされたことに気づく前にお迎えがくるでしょう。けれど毎年会員保険を通じて入る二八億ドル（二八〇〇億円）の手数料は、ＡＡＲＰの予算にとってただちに影響が出ますから」

「政府は、高齢化社会が医療費を押しあげていると言っていますが」

「だから高齢者医療費を削る？　ひどい詭弁ですよ。確かに医療の進歩で高齢化は進みましたが、アメリカの医療費を毎年異常に押しあげている最大の原因は、民間医療保険と薬価です。オバマケアはこの二つの業界は野放しにしたまま、民間保険購入を義務化し、医師と病院には高齢者医療を減らせと言う。今後金持ちの高齢者は高い民間保険を買うか現金払いで好きな医者にかかれるが、中流以下の高齢者は、早く死ねと言われるようなものです」

## 大増税ショックが中流を襲う

企業保険の負担率

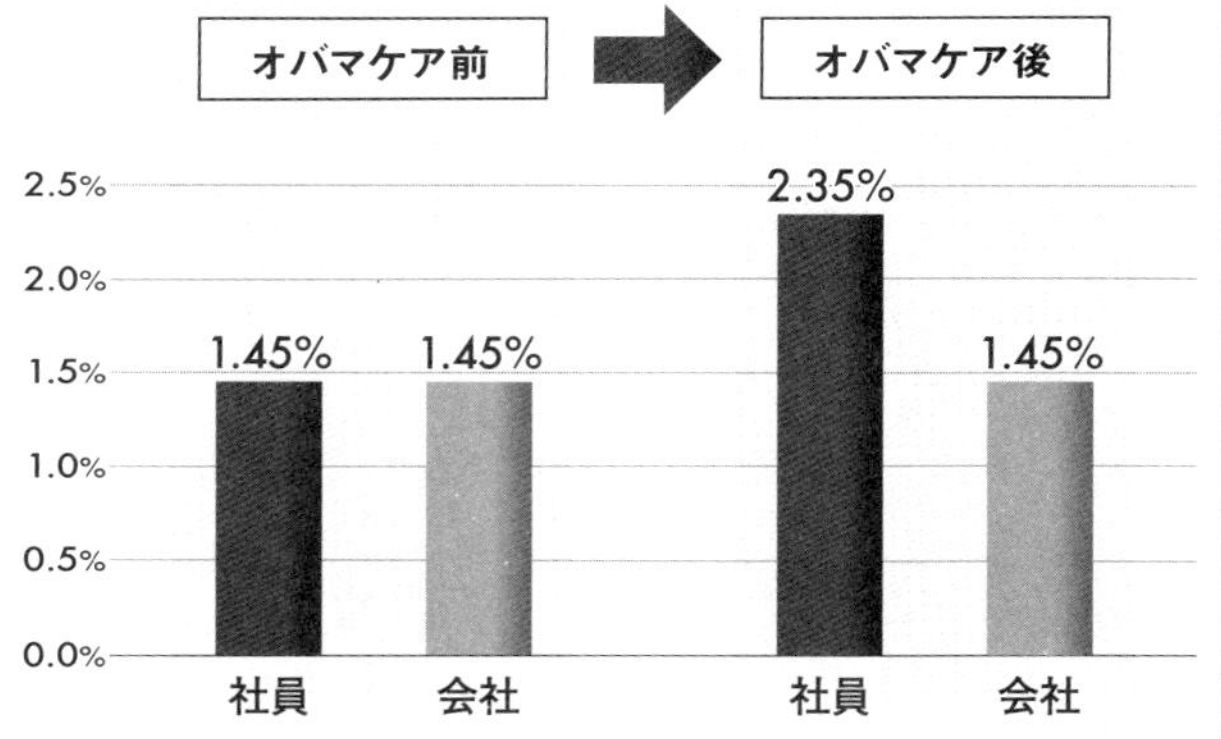


（注）2013年より一定金額以上の所得に対して税率を引き上げ

「中流階級は、より大きな安全を手に入れるだろう……より高い税ではなく」
――バラク・オバマ大統領

アメリカ国民が、医療保険システムの複雑さとオバマケアによる保険料値上がりや企業保険廃止などの変化に悲鳴を上げている間、この法律にともなうもう一つの動きは、静かだが確実に進められていた。

医療保険改革として宣伝されているオバマケアが、実は過去二〇年最大の「大増税てんこ盛り政策」であると知った時、おそらく大半の国民はショックでERに運ばれるだろう。

今後二一項目もの新しい増税が、雪崩《なだれ》のよ

うにやってくる。

この増税による、向こう二〇年の税収見積もり総額はしめて五〇〇〇億ドル（五〇兆円）。政府は膨大な新税にそなえて、二〇一二年だけで三億五九〇〇万ドル（三五九億円）の予算を計上し、一〇〇〇人のＩＲＳ（国税庁）税処理スタッフを新しく雇いいれた。

値上げされるのはメディケア税に所得税、さらに新しく日焼けサロン使用と債権、株、賃貸収入と不動産売却にも三・八パーセントの税金がかかるようになる。

職場を通して保険を持っている人も注意が必要だ。

例えば家計年収が合計二五万ドル（二五〇〇万円）の夫婦なら、保険料が一・四五パーセントずつ会社と社員の折半なのが、今後は社員の負担分だけに新しく「メディケア保険税」が上乗せされ、合計二・三五パーセントに上昇する。

また、二〇一八年からはいよいよキャデラック保険に対する四〇パーセントの課税も始まる。労働組合員のほとんどがこれにあてはまるため、政府は二〇二二年までに一一一〇億ドル（一一兆一〇〇〇億円）の税収を見込んでいるという。

政府はこうした増税リストを国民に知らせる代わりに、保険会社、製薬会社、医療機器

オバマケア後のアメリカ医療費伸び率 2010-2019年

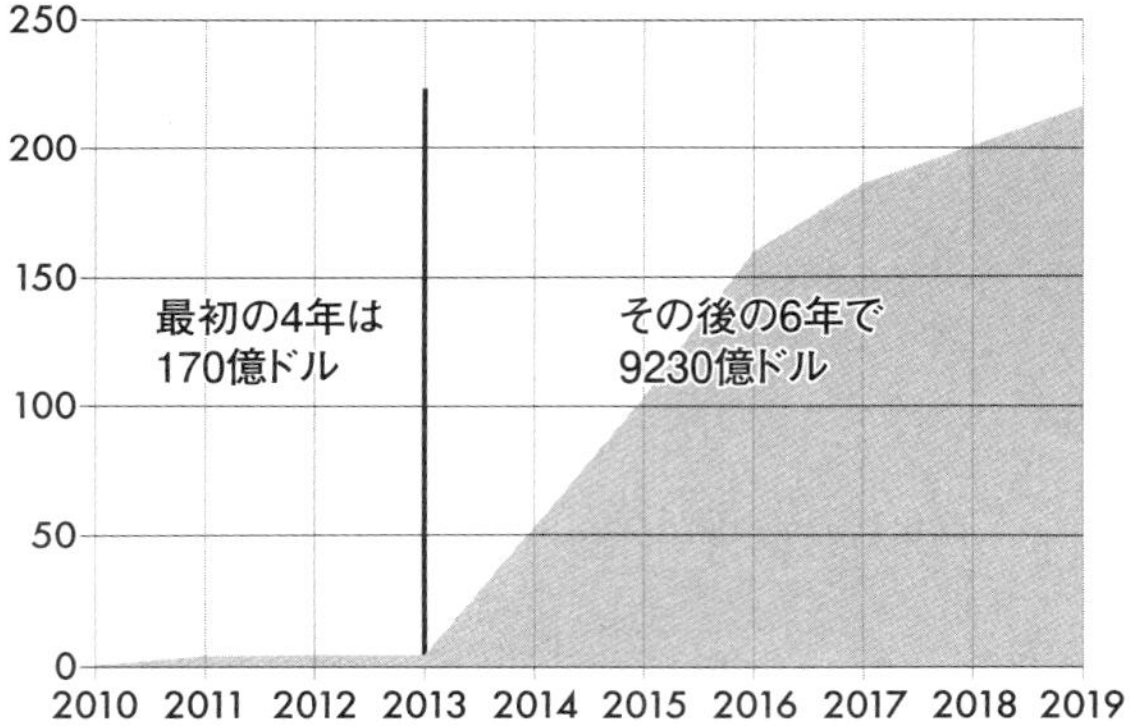


Philip Klein, 'CBO: 98% Of Spending In HC Bill Comes In Last 6 yrs', The Spectacle Blog（http://spectator.org/blog/22169/cbo-98-spending-hc-bill-comes-last-6-yrs）より

メーカーに対する、向こう一〇年で一〇七〇億ドル（約一〇兆円）の増税の方を、強者への「痛み分け」だとして繰り返し強調した。

前述したナビゲーターのウェンデルのように、多くのリベラル派や民主党支持者もまた、この部分を何度も宣伝した。強欲なイメージの企業に負担が課され、それによって苦しんでいる国民が救われる図は、聞いているだけで胸がすっとする。誰もがリーマンショックで投資銀行や投資家たちが詐欺のような商品を一般国民に売りつけてぼろ儲《もう》けした時の怒りを覚えていた。しかしウォール街の強欲部分は、今も野放しのままなのだ。

マンハッタン在住のアナリストであるジェ

イムズ・ミラーは、こうした負担は彼らにとって「痛み分け」とは言い難いとし、別な懸念を指摘する。

「保険会社や製薬会社、医療機器メーカーにはちゃんと抜け穴がありますよ。オバマケアは商品の値段についてはまったく規制をつけていない。つまり彼らは増税された分だけ保険料や薬価に上乗せし、負担を消費者に押しつけることができるのです。

月々の保険料なら、ゆくゆく一家族で年間三〇〇ドル（三万円）から四〇〇ドル（四万円）の値上がりとして現れてくるでしょう。大口でまとめ買いできない中小企業のオーナーはこの打撃をまともに食らいますから、自営業者の八七パーセントが確実に苦しむことになる。二〇一二年から二三・八パーセントあがる固定資産税も大きいですよ。前年より五九パーセントの増税ですから」

CNNの試算によると、現在一般的な四人家族の収入が年間二パーセント上昇してゆくなかで、医療費支出は全体の三五パーセントを占めている。今後物価の上昇と賃金の低下によって、この数字は二〇二四年には五〇パーセントにあがり、二〇三〇年にはなんと六三パーセントを超えるという。

いったいなぜ、先進国でもっとも高い医療費で苦しむ国民が、そこから救われるはずの法律でさらに借金を重ねることになるのだろう？　一六〇〇万人の無保険者に保険証を配ったはいいが、その分の埋め合わせの増税で苦しい家計の支出を増やされるのは中流層だ。前述した労組のアーロン・ウィリアムズが言った、オバマケアは「中流消滅への最後のトドメ」という表現は決して大げさではないだろう。保険料の値上がりで勤務時間を減らされたり、リストラされた人々の多くは、義務化された保険料を支払うために仕事をかけ持ちしなければならなくなった。政府はオバマケアが今後一〇年で国の財政にかける一五五兆ドルもの負担を「富裕層への増税」と「無駄の削減」でまかなうという。だがリーマンショックの時と同様、高すぎる医療保険と治療費、そして薬価という最大の元凶は、決してこの「無駄」に関する議論には出てこないのだ。

もっとも医療を必要とする高齢者の医療アクセスが縮小されたにもかかわらず、メディケア税と称する新しい税金が出来るのもおかしな話だ。なぜならそれらの税収は、一セントたりとも高齢者医療予算には入らないのだから。

だが国民や企業が、オバマケアが自分たちの財布に与える影響ばかりに気を取られている間、一番肝心なことは忘れられていた。テレビやラジオ、新聞のニュースも、保険料の値上がりで怒る人々の話や、オバマケア保険のホームページ不具合、選挙前に巻き返しを図る共和党の政治的陰謀についての記事を面白おかしく書き立てるのに忙しい。

政府はせっせと市民団体や財政難の公立学校に補助金をまき、オバマケア擁護のナビゲーターを増やし、公立高校の生徒たちにオバマケア宣伝ボランティアチームを組ませ、ハリウッドのスターたちとのPRイベントを次々に打ち出している。中間選挙もひかえており、新しい政策に関する悪い噂《うわさ》は、出てくるそばから打ち消さねばならない。

全国民の医療アクセスという、これまでのアメリカにとって夢のようなスローガンと共に成立した医療保険制度改革法〈オバマケア〉。

この制度を機能させるためのもっとも重要なプレイヤーである医師たちが置かれている現状と、今後彼らを通して全国民とアメリカ社会が受けるだろう、想像を超える大きな影響。この二つが過小評価されていることこそが、報道されないオバマケアのもう一つの顔だった。

# 第二章　アメリカから医師が消える

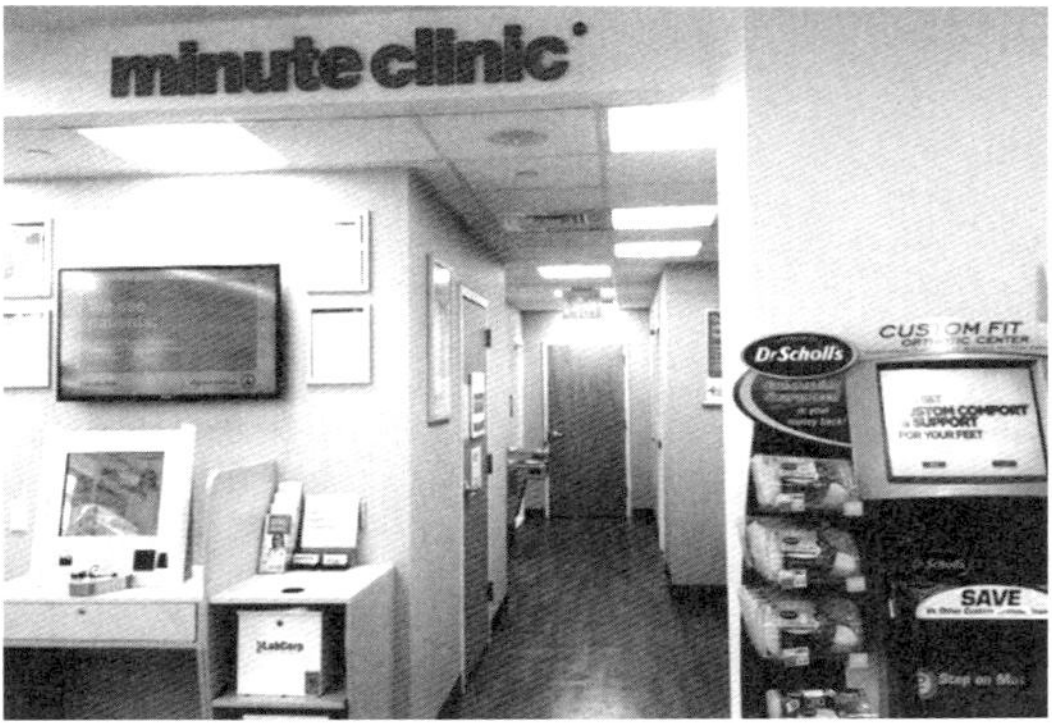

ミニッツ・クリニック

## 保険証を握りしめながら医師の前で死亡

「オバマケア」で新しい保険を手にした人々は、早速今まで行かれなかった病院に予約の電話をし始めた。

だがここで彼らは壁にぶつかることになる。

肝心の、オバマケア保険を扱う医師が見つからないのだ。

通常の民間保険の支払い率が一〇〇パーセントだとしたら、メディケアは七、八割、メディケイドは六割弱と、医師への報酬は民間保険に比べて極端に悪くなる。

ではオバマケア保険の支払い率はどうだろう?

「残念ながら同じですね」

そういうのは、ニューヨークのハーレム地区で開業するドン・ダイソン医師だ。

「オバマケア保険は病歴があっても加入拒否ができなかったり、保険金の生涯支払額に上限がないなど、保険会社にとって不利な条件がたくさん付けられています。ですから保険

ドン・ダイソン医師と著者

会社は株主のために、儲けが減る分のしわ寄せを別のところにかぶせる。オバマケア保険加入者を診る指定医療機関リストを大幅に縮小し、治療費の支払い率をさげたのです」
ハーレム地区には貧困層や麻薬中毒者がたくさん住んでいる。
彼らのほとんどはメディケイド受給者か無保険者で、病気が悪化してから病院のERに駆けこんだり、二回目以降は治療を拒否されドンのところにやってくるという。無保険者の治療費は一〇〇パーセント、ドンの持ち出しになる。
国から支払われるわずかなメディケイド報酬と、数は少ないが支払い率の悪い安価な民間保険を持つ患者の治療費が、ドンのクリニックを回す財源だ。

「オバマケアが成立した時、どう思いましたか？」

「最初に頭に浮かんだのは、一〇代のころからよく知っているジャクソンという青年の顔でした。彼は麻薬をやめられないのですが、オバマケア保険には無料の薬物中毒カウンセリングがついていると知って安心したのです。ここにくる無保険の若いシングルマザーや売春婦たちも、みな妊婦医療やエイズ検査が受けられるようになるし、黒人大統領が作った法律がハーレムの子たちを助けていると思うと、なんとも言えず嬉しかったですね」

だがそれから間もなく、ドンはオバマケアに医師として不信感を感じ始めたという。

「まず何よりも、オバマケア保険には、新しい規則がうんとたくさん加えられているんです。それを一つ一つ電子式報告書に入力しなければならず、医師の事務作業が膨大に増えてしまう。そのうえ治療費の支払い率はメディケアより悪い。これではよほど暇とエネルギーがない限り、医師はオバマケア保険のネットワークに入らないでしょう」

多くの病院や診療所が〈オバマケア扱ってません〉の貼り紙を出すなか、ハーレムの真ん中で開業するドンのクリニックには、他で断られたオバマケア患者が次々に来るようになってしまった。

「ある日補助金を受けてオバマケア保険に加入したという、レティという二〇代のシングルマザーが長距離電話をかけてきました。彼女は三つ仕事をかけ持ちし、不規則な生活のせいでいくつかの性病に感染していたのですが、一か月前に一人暮らしの母親が倒れてノースカロライナ州の実家に帰っていたのです。

その時彼女は電話口で、ひどい腹痛を訴えていました。

女医でなければいやだと言うので、私は急いで、オバマケア保険のネットワーク内で、彼女が使える女性クリニックを調べました。ところがリストに載っていた医療機関は一か所だけ、しかもそのクリニックは、彼女の住む場所から一〇〇キロも離れていたのです。

彼女の代わりに電話をかけて事情を説明すると、その女性医師はひどく疲れた声で、オバマケア患者はもう一杯で、メディケアやメディケイドの患者も溢《あふ》れている、予約が取れるとしてもおそらく一か月以上先だろうと言うんです。

私はつらい気持ちでレティに電話をかけ直すと、その女性クリニックの住所を教え、とにかく直接行ってみなさい。もしだめなら近くの病院のERにでもなんでもいいから駆けこみなさいと言いました。

その瞬間感じた嫌な胸騒ぎを、今も覚えています。

その日の朝刊には、全米医師の六六パーセントがオバマケア保険のネットワークには入らないと答えている、という記事が出ていました。オバマケア保険は膨大な数の人に売れたけれど、肝心の、彼らを診る医者がいない。ああ、これはこの先大変なことになる、と思いました」

それから一か月後、ドンはハーレムに住むレティの友達から、彼女があの翌日に実家の近くの別のクリニックで亡くなったことを知った。驚いて彼女の母親に電話をすると、痛みで泣き叫ぶ娘を近くの小さなクリニックに運んだが、そこは手術設備もなく、オバマケア保険も扱っていなかったという。盲腸が悪化して腹膜炎を起こしたレティは、保険証を握りしめながら、医師の前で息を引き取ったのだった。

## 自殺率トップは医師

だがドンは同業者として、その医師を責めることはできないという。

「いまアメリカの医師は想像を絶する過酷な労働条件とプレッシャー、終わりのないストレスにさらされて生きています。八〇年代から医師と患者の間に〈マネージドケア〉という制度が導入され、労働者の九割が民間保険に加入して、医療は保険会社が支配するようになった。患者の治療も薬の処方も、まず保険会社に聞かなければいけなくなり、そのための書類作成に膨大な時間を食うようになったのです。

医療をビジネスが支配するというこのシステムは、医師を睡眠不足で過剰労働にさせ、何よりもプロとしてのプライドを粉々につぶしてしまう」

「どんな時にプライドをつぶされたと感じますか？」

「例えば、医療のイの字も知らないような若い女性に、患者に必要な薬を処方する許可をとらなきゃならない時。その薬が本当にいま必要か否かを、電話の向こうの素人とやりあうむなしさといったらありません。まあ彼女たちは承認の電話四件ごとに一件却下するといったようなノルマを会社から与えられていますから、絶対に折り合いはつかない。薬は必要ないだろうと繰り返す彼女に向かって、無駄だとわかっていてもつい言ってしまう。

『ねえ、五〇キロ先にある保険会社のコールセンターにいる君と、今目の前で患者を診察しているわたしと、いったいどっちがその答えを知ってるだろうね？』

でも彼女は却下します。それが会社の指示ならね。で、どうなるか？　患者は私を責めるわけです。なぜちゃんと保険会社に説明してくれないんだって。目の前で泣き出す患者もいます。却下したのは保険会社なのに、まるで私が患者を苦しめているような図になるのはとても辛《つら》いですよ」

アメリカ国民のほとんどは、複雑に入り組んだ医療保険システムを理解していない。保険会社というビジネスが支配していることも、それが自分たちや医師や病院、社会にとってどんな意味を持つのかも。

医療の専門家である医師が誰よりも自分たちの病気に詳しいと錯覚し、自らの健康に責任を持つより、病気になってから医師に丸投げする患者たち。同じ声を日本の医師たちからも聞いたことがある。

ドンは、一方的な力関係は医師と患者の両方にとってマイナスだと指摘する。

「どこの国でも、患者はもっと自分たちの健康について知る努力をすべきでしょう。食べ物や生活習慣や病気のことだけでなく、自分たちの社会で医療というものがどんなシステムで動いているのかを。実は教育レベルの高い先進国ほど、こうしたことに無関心なのです。けれど国民にとって無知は弱さだ。気づかないうちにいろいろなものを奪われてしまう」

カーネギーメロン大学経済学部のジョージ・ローウェンスタイン教授が、二四歳から六四歳のアメリカ国民を対象に行った調査によると、民間保険の四大項目（月々の保険料、保険金がおりる前の自己負担額、治療費の一部負担、それに自己負担総額）について理解している人は、わずか一四パーセントだったという。

患者たちが帰った後は、保険会社に提出する膨大な書類の入力作業が始まる。患者の分に加え、今度は自分のやった治療に対し、正当な報酬を得るための戦いが始まるのだ。だが保険会社は、ここでもまたなんだかんだと理由をつけて、支払いをしぶるという。

ドンはため息をついて、こう言った。

「この国のすべての専門職の中で自殺率がトップの職業をご存知ですか？　医師ですよ。このうえオバマケアで一六〇〇万人のメディケイド患者とさらなる書類業務が加わったら、医師たちは今度こそ燃え尽きてしまう。この国の医師はあまり政治には関わらないんですが、今回はさすがに、私と同じ危機感を抱いた医師たちが、オバマケア法案の公聴会に乗りこみました」

「乗りこんだ？」

「はい、私たち医師の大半は、民間企業ではなく、政府が一本化する日本やカナダのような皆保険制度を提案しています。これだと年間四〇〇〇億ドル（四〇兆円）もの医療費削減になるし、医師たちも書類の山から解放されますから。でも政府と医療保険業界はこの制度について国民に知らせたくないようで、医師は公聴会の招待リストから外されていたのです」

医療ケア改革について上院財政委員会が公聴会を開いた時、委員長のマックス・ボーカス上院議員は、彼らが公聴会の場に入ってこの制度について発言するやいなや、警察をよび医師たちを逮捕させた。この事件については大手マスコミは沈黙し、ほとんどの国民には知らされていない。

「国民の命と健康を守るための医療法案を作るのに、肝心な医療現場にいる医師の声を排

カリフォルニア州の医師に対する支払い票

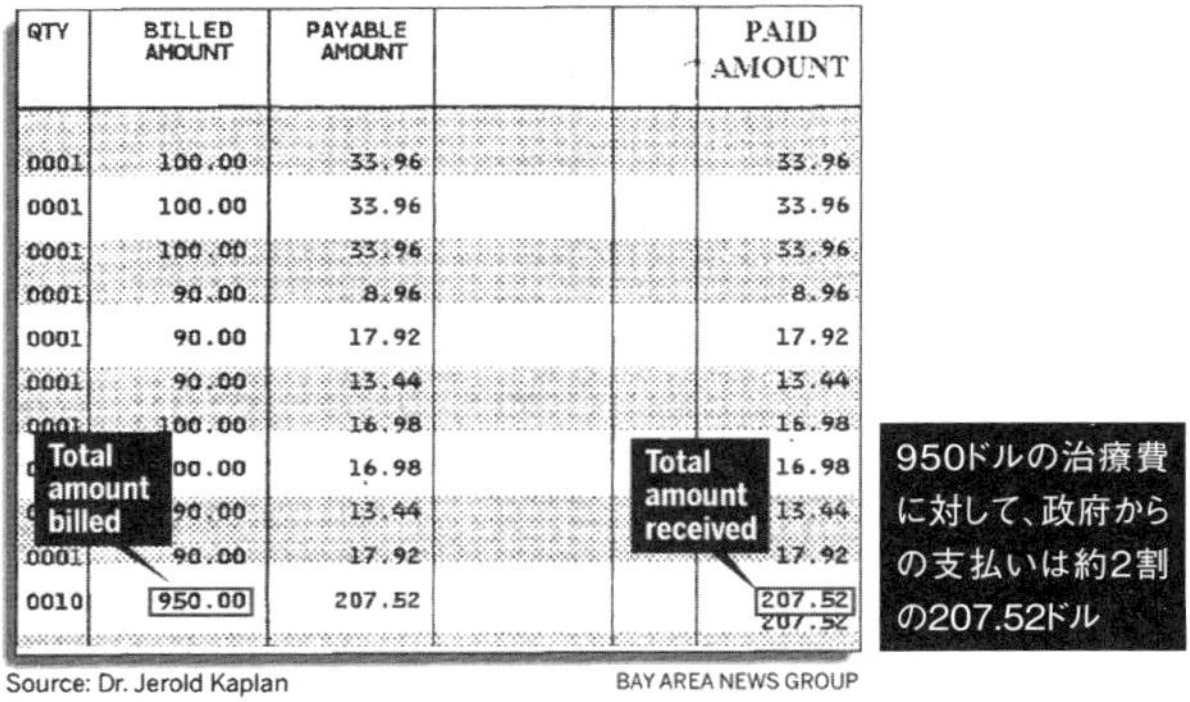

| QTY | BILLED AMOUNT | PAYABLE AMOUNT | | | PAID AMOUNT |
|---|---|---|---|---|---|
| 0001 | 100.00 | 33.96 | | | 33.96 |
| 0001 | 100.00 | 33.96 | | | 33.96 |
| 0001 | 100.00 | 33.96 | | | 33.96 |
| 0001 | 90.00 | 8.96 | | | 8.96 |
| 0001 | 90.00 | 17.92 | | | 17.92 |
| 0001 | 90.00 | 13.44 | | | 13.44 |
| 0001 | 100.00 | 16.98 | | | 16.98 |
| | 00.00 | 16.98 | | | 16.98 |
| | 90.00 | 13.44 | | | 13.44 |
| 0001 | 90.00 | 17.92 | | | 17.92 |
| 0010 | 950.00 | 207.52 | | | 207.52 |



San Jose Mercury News, 2011年7月11日より

除する。何かがおかしいですよね」

　医師にとってのストレスの元は民間保険会社だけではないのだ、とドンはいう。貧困層のための公的医療メディケイドも、いまや規定が多すぎて医師たちを苦しめているのだ。一九六五年に社会保障改正法（メディケア・メディケイド法）が成立した当時、一三七頁だった法律は、国がどんどんルールを増やし、一九九八年までにはなんと一〇〇〇倍の一三万二〇〇〇頁になっていた。これらのルールから少しでも外れると、国に治療費を払ってもらうのが難しくなる。

　ある時ドンの診療所に、複雑な肺疾患を悪化させた五〇代の黒人男性が駆けこんできた。

なんとか手を尽くした結果、患者は助かったが、ドンの施した治療がメディケイド規定外だったとし、国はドンの治療費申請を却下した。一年近く政府との間で電話と書類のやりとりを繰り返した結果、最後にやっと政府から、一通の封筒が送られてきたという。やれやれやっと根負けしてくれたか。そう思いながらドンが中を開けると、入っていたのは一セント（一円）の小切手だった。

五人いる娘たちが高校を卒業する時期になると、ドンはいつしかこう言うようになったという。

「なあお前、どんな夢を追ってもいいが、医師だけにはなるんじゃないぞ」

ついこのあいだも来年高校を卒業する四番目の娘ミシェルにそう言ったところ、

「大丈夫よお父さん、心配しないで」と、ミシェルは電話口で優しく答えた。

「お父さんをみていればよくわかるもの。だから自分でも、本当によく考えてみたのよ」

「それで答えは出たのかい？」

娘の声は、明るく自信に満ちていた。

「ええもちろんよ。私ね、大学を出たら司法試験を受けて、訴訟専門弁護士になるわ！」

手厚く治療すると罰金、やらずに死ねば遺族から訴訟

思わぬ事故で災難に？
はいはい程度が重要ですよ！
受けた被害が大きいほどに、小切手の額もあがります。
あなたの望む額が出るまで
正義の鉄槌《てっつい》をうちおろします。
さあさ今すぐ連絡を！
程度について話し合いましょう！
あなたがあわれた不幸のサイズと、
取り戻すべき現金のその額を！
さあさ今すぐ連絡を！
一度目は不幸な事故、でも二度犠牲者になってはいけません。

**強欲な連中に裁きを下し、現金を取り返すのです！**

**保険会社はあてにならない、私たち弁護士こそが味方です！**

**さあさ今すぐ電話して！**

**現金！現金！現金！　1-800-○○○-CASH（現金）**

全米各地では、軽快な音楽とともによくこんなコマーシャルが流れている。

画面に出てくるのはサイレンを鳴らしながら疾走する救急車と、そのあとを全力で追いかける、スーツ姿の訴訟専門弁護士だ。

アメリカでは医療ミスや事故が起きた時、医師や病院を訴える弁護士が、病院まで追いかけていって患者に営業をかけることがある。病院内での営業活動は禁止されているので、弁護士事務所はテレビCMを流したり、薬害や医療ミスにあった患者にせっせとダイレクトメールを発送して宣伝する。

アメリカは他の先進国と違い、訴訟弁護士費用は成功報酬だ。つまり弁護士は、「費用は気にせず、まずはダメもとで訴えてみませんか？」とすすめやすく、失意と今後の経済的不安で弱った患者や遺族の側も、救われたような気持ちになってこれに飛びついてしまう。

患者と弁護士が一丸となるために、弁護士側は患者側にこう呼びかけるという。

「闘いに勝利するためには、敵をしっかり認識することが重要です。あなたは被害者なのですから。わかりますね?」

加害者側になる医師は、過剰労働と財政難の実態があまり知られていないため、いまだに世間一般の人々から、金持ちの勝ち組だと思われている。おまけに医療技術の進歩は、「医師は神のごとく患者を治して当たり前」だという、患者側のエゴも肥大させた。

イリノイ州シカゴに住む産科医、ペリー・コリンズは、訴訟社会は人々に医療機関側のミスではない死を受け入れることを困難にさせ、医師と患者の人間関係を破壊してしまったと嘆く。

「もちろん、未熟な医師によるミスもあるでしょう、それは事実です。けれど技術の進歩によって、出産が危険なものだという認識が薄れてしまったことはとても大きい。最善を尽くしても生まれなかったいのちに対して、昔は〈神が連れて行ったのだ〉と言って、悲しみの中でも受け入れようとするほうが多かった。医師も一緒に泣いて、助けられなかったことを悔やみながら、もっと勉強してよい医者になろうと再び立ち上がる、その繰り返しでした。今は違いますね。十中八九、医師は加害者にされてしまう。その後ろにはテレビカメラの前で『現金！』と叫ぶ弁護士の影が見え隠れするのです」

「被害にあったかわいそうな弱者とそれを救う正義の弁護士」という美しいイメージは、裁判で原告側を有利にするだけでなく、善悪がはっきりしているためにテレビCMもうちやすい。こうして八〇年代以降、医師をターゲットにした訴訟ビジネスが急速に広がったのだった。

「一度訴えられたら最後、一気に一〇万ドルは飛びますね」

ニューヨーク州ブルックリンの弁護士事務所で働く、ティモシー・グリーンはいう。

「訴訟弁護士にとって、医者は楽に稼げるターゲットで、医療ミス訴訟は弁護士の間でもドル箱と呼ばれてきました。正直言っておいしいビジネスですね。東海岸に住む僕の先輩弁護士は前に、赤ん坊が脳性マヒで生まれてきたケースで、産科医と病院から五〇〇万ドル（五億円）勝ち取りましたよ」

「医師たちの、今置かれている現状をご存知ですか？」

そう聞くとティモシーは笑って顔の前で手を振った。

「こっちも商売なんで、社会の中で金のある場所からとるだけです。例えば悪いが銀行強盗だって、わざわざ貧しい人間の家を狙わずに、町でいちばん現金がある銀行にいく。あれと同じですよ」

彼らが手にする金額は、九〇年代半ばまでは、医療訴訟で一〇〇万ドル（一億円）を超えるケースは全体の三四パーセントだったが、二〇〇〇年には全体の半数以上の五二パーセントに増えている。一〇〇万ドルのうち成功報酬として弁護士の懐に入るのは、約四割の四〇万ドル（四〇〇〇万円）。ティモシーの言うとおり、実に〈おいしい商売〉なのだ。

さすがにこれを問題視する声が大きくなり、今では二〇州で医療訴訟の金額に上限をつける法改正がされたが、まだ半数以上の州でこうした行き過ぎた訴訟ビジネスが蔓延《まんえん》している。

ティモシーは、これからもっと多くの顧客を運んでくるだろう〈オバマケア〉を高く評価しているといい、インタビューの最後にこう言った。

「医療訴訟ビジネスは、事故だけでなく今後知的財産権の保護がすすめられることもあってこれから世界的に広がっていきますよ。実は僕の妻は日本人で、僕も大の日本びいきなんです。治安はいいし、人々は礼儀正しいし、素晴らしい国だ。そのうち日本にも是非進出したいですね」

## 外科医なのにワーキングプア

一度でも訴えられると法外なお金が飛んでゆく医師たちのために花開いたのが、訴訟保険ビジネスだ。

八〇年代以降、医師と患者の間に医療保険会社が入り、メディケア・メディケイド患者の診療報酬がどんどん削減されるにもかかわらず、訴訟の数に比例して保険料もぐんぐん高騰していった。

医療賠償監視機構（Medical Liability Monitor）によると、二〇〇二年の訴訟保険料は産科医が一九・六パーセント、内科医が二四・六パーセント、外科医が二五パーセントと、いずれも前年より大幅な値上がりだ。

同じ外科医でもデトロイトは一〇万七〇〇〇ドル（一〇七〇万円）、マイアミでは一七万四〇〇〇ドル（一七四〇万円）と、地域によって差がある。もっとも高いのが産科医の保険料で、クリーブランドでは一五万六〇〇〇ドル（一五六〇万円）、ニュージャージー州ではなんと五六万三〇〇〇ドル（五六三〇万円）だ。

これを規制する州も増えてはきたが、訴訟に関する医師たちの不安は拡大している。

フロリダ州ジャクソンビル在住の外科医、ステファン・マイヤーズは、医師がみな裕福な勝ち組だというのは、もはや都市伝説に近い、とこぼす。

「確かに私の年収は二〇万ドル（二〇〇〇万円）で、ごく平均的な外科医の給与ですが、訴訟保険料が年間一七万五〇〇〇ドル（一七五〇万円）ですから、手取りは約二万五〇〇〇ドル（約二五〇万円）。しかもひっきりなしにやってくる患者と山のような事務作業で、寝る時間もない。これは〈勝ち組〉なんかじゃなくって〈ワーキングプア〉って呼ぶんじゃないですかね？」

## これは医療じゃない、ファストフードだ

二〇一二年五月。オハイオ州クリーブランド在住のエリック・フィッシャーは、二一年勤めた病院を後にした。慣れ親しんだ自室の扉に最後の鍵をかけながら、エリックは医学生の頃に読んだ、小説の一場面を思い出していた。

五〇年代のアメリカで流行《はや》ったアイン・ランドの大衆小説『肩をすくめるアトラス』の中で、優秀な脳外科医であるヘンドリックス博士は、医師を辞めた理由をこう語る。

〈僕はもう二度と、自分が医学を学ぶために費やした年月と情熱、僕の働き方、治療法、患者を選ぶ権利、報酬を、連中に支配させないと決めたんだ。奴隷と化した医師に、いのちを預けてみるがいい。誰ひとりとして、医師たちの声を聞こうとはしなかったのだから〉

二〇〇七年。政府のメディケア・メディケイドサービスセンターは、「電子式診療内容報告書」の導入を発表した。

メディケア高齢者や障害者、メディケイド低所得層の患者を診る際に、医師があらかじ

め国に決められたマニュアルにそって治療し、その経過を詳細に報告するシステムだ。入力項目は詳細にわたり、全部埋めるためには患者の個人情報の少なくとも八〇パーセントは把握している必要がある。そしてこのレポートをもとに治療の成果が評価され、国から医師へ報酬が支払われるのだ。

一九六五年にメディケア・メディケイド法が成立した時に書かれていた、「政府は診療内容に介入しない」という部分は、「経費削減」「効率化」を理由に、次々に変えられている。

「この成果型の電子レポートは、医師と患者の両方にとってとても悪いシステムでした。ひとくちに病気といっても、その患者さんの既往歴や生活スタイル、家族構成や職場環境、経済状況まで千差万別です。医師はひとりひとりの状況をみながら、その人にベストだと思う治療法を提案する。

ところがこのシステムは患者さんを、同じ型で抜かれたクッキーのようにしてしまう。医師たちはだんだん、複雑な病気や、治療が長期になりそうな患者を避けたがるようになりました。政府が決めたマニュアルにそった治療をしてさえいれば、レポートと引きかえにボーナスが出るからです」

オバマケアがこのシステムを義務化すると知った時、エリックはこの仕事を辞める決心をしたという。

「私が勤めていた病院でも、忙しい合間をぬってこのレポートを提出し、ボーナスを得ている同僚医師たちがいました。ところが政府マニュアルにない治療が記載されていると、レポートは却下されるのです。

その結果どうなったと思います？　彼らは複雑な病気や、治療が長期になりそうな患者を避けるようになった。ある時一人の同僚医師が心臓に疾患のある高齢のメディケイド患者の診療を拒否したのをみて、私は怒りでいっぱいになりました」

「二〇一四年にこれが義務化されると、何が変わりますか？」

「今まではレポートを提出したら報酬が出るだけだったので、やりたい医師だけがやっていたのですが、これからはすべての医師が例外なくこのレポートを出さなければならなくなりました。

しかもレポートに記入漏れがあったり提出しない医師は、報酬がもらえないだけでなくその年のメディケア報酬の数パーセントを罰金として没収されるのです。

Bruce Poliquin(http://www.poliquinforcongress.com/issues/)より

同僚が理由をつけて追い返した心臓病の患者のように、今後糖尿病や高血圧やリウマチなどの重病患者は、病院をみつけるのが難しくなるでしょう。私はもうあんな場面はみたくない。それが同僚医師でも、自分自身であってもです」

「医師たちは板挟みになると」

「そうです。あの老人を追い返した同僚のことだって、私は責められなかった。だってメディケアの支払い率は八割で、メディケイドは六割を切るんですよ。さらにオバマケア保険の支払い率もこれまたメディケイド並みに低い。わかりますか？　彼らを診れば診るほど、病院も医師も赤字になってしまう。

今後オバマケアで増える大量のメディケイド患者とベビーブーマーのメディケイド高齢者、それに新規のオバマケア保険患者が病院の待合室にあふれた時、いったい医師たちはどうすればいいんですか?」

エリック医師に辞める決心をさせたもう一つの理由は、さらに驚愕《きようがく》する新ルールだった。二〇一四年一〇月から、オバマケアのルールにそって、それまで三〇〇〇通りあった治療コードが八万七〇〇〇に、一万四〇〇〇だった診療コードが七万に増やされるという。

「これにはショックを通り越してあきれました。入力コードをそんなに増やして、国は医師たちが正当な報酬を申請する作業を、ますます妨害しているとしか思えない」

患者のカルテや医療事務のIT化が、現場の医師たちの多くにあまり歓迎されない一つの理由もここにある。医師たちは新しい技術についてゆくのが面倒くさいのではなく、本当に時間がないのだ。

「技術がこんなに進みましたよといって、病院に電子化した機器を売りこみに来る営業マンの得意げな顔をみると、怒りが込み上げてくるんです。一度大声でこう言ったことがありました。『ああいいよ、買おうじゃないか。けどそれ、誰かが入力しなくちゃならないんだろ？　こうしよう。ふんぱつして二台買うから君入力しに来てくれよ。こっちはもうこれ以上キーを叩《たた》く人員がいないんでね』」

解決策はあるのだろうか？

一つの答えは多くの医師たちが訴え続けるも、マスコミが決して取り上げない事実の中にある。もし民間保険を廃止し、日本のような政府国民保険一本にすれば、医師を事務作業から解放するだけでなく、事務費用の節約でアメリカは年間四〇〇〇億ドル（四〇兆円）もの医療費を下げられるのだ。実はアメリカなら「メディケア」を高齢者だけでなく全国民対象に広げれば実現する。

このH．R．676（全国民メディケア法案）という法案は、すでに民主党のジョン・コンヤーズ下院議員によって議会に提出されているのだが、ほとんどの国民はその存在すら知らないままだ。四〇〇〇億ドルあれば全無保険者に十分な保険を提供し、かかりつけ医不足も解決できるだろう。

「そうした治療マニュアルはいったい誰が決めているのでしょう？」

「保健福祉省長官です。信じられますか？　医療現場も知らない役人が、治療内容の決定権をすべて握るなんて」

さらにオバマケア法の一三一一条によって、今まで公的医療だけだったこの治療マニュアルは、今後民間の治療内容にまで介入することになった。業績評価制度（Value-Based Payment Modifier）に診療内容報告書（ＰＱＲＳ）、医師たちの負担は重くなる一方だ。

「これは医療保険改革じゃない、医療のファストフード化です。私は最近自分が、バーガーキングでバイトをしていた医学生に戻った気分になるのです。ベルトコンベアの前に一列に並び、流れてくる肉をマニュアル通りひっくり返しケチャップを塗る。複雑な工程はＮＧ、できるだけシンプルでスピーディなほうがいい。同じように病院はこれからますます、治療が簡単で早くすむ患者を優先するようになるでしょう」

あるいはそれが、政府がオバマケアで医療コストを削減するやり方なのかもしれませんが、とエリックはため息をつく。

「それでも毎日病院から家に帰る途中、高速付近にあるマクドナルドやバーガーキングのネオンサインをみるたびに、ああ、この国はとうとう『医療』までファストフードにしてしまったのか、と思わずにはいられません。それは医師たちに魂をなくせということに等しい。アイン・ランドの小説の中の、ヘンドリックス博士に共感する医師は私ひとりじゃないのです。政府は考え直すべきでしょう。黙ってハンバーガーを焼く人間としての医師を、この先もずっと確保できるのかどうかを」

## かかりつけ医がどこにもいない！

アメリカ医学大学協会のデータによると、二〇一五年の時点で全米の医師不足はプライマリケア（かかりつけ）医が二万九八〇〇人、専門医は三万三〇〇〇人の合計六万二八〇〇人だが、オバマケアによって二〇二五年には、この合計が一六万人になるという。

なぜそんなにも、医師が足りないのだろう？

アメリカでは毎年、患者から医療保険会社と製薬会社に支払われる額がおそろしくあがる一方で、医師たちに払われる金額はどんどん減っている。医師たちは報酬を減らされるうえに、書類の山に埋もれ、国が決めたたくさんのルールにしばられ、治療方針を決める主権を年々うばわれ、患者の顔をみてじっくり話せる時間も少なくなっているのだ。さらに大半の医師はその肩に、大きな借金をのせている。

ニュージャージー州エセックスの病院に勤務する内科医のマーク・ロイドは、医師たちはもう昔のような、安定した裕福な職業ではないと言う。

「医師のほとんどは医学生の時に借りた、平均二〇万ドル（二〇〇〇万円）の学資ローンを抱えています。みな、その返済をするのにものすごく苦労している。

七〇年代には医師の所得は平均的な家庭の六倍もありましたが、その後、医療費抑制を目的として、医師と患者の間にＨＭＯ（健康管理機構）が入り、治療内容と料金をきめるようになったのです。それ以降、状況がガラッと変わりました。診療する患者数は二倍以上になったのに、収入は毎年目に見えて減っているのです」

「お医者さんたちは、みなそうなのでしょうか？」

「特にすべての科の中でいちばん保険会社からの支払金が少ない、かかりつけ医（家庭医、小児科医、内科医）は地獄ですよ。あまりに苦しいので、私の知っているかかりつけ医の半分は、ここ五年ほどで現金払いの患者しか診ないというやり方に変えてしまいました」

アメリカでは病気になるとまず全員が「かかりつけ医」を受診し、そこから専門医に送られるシステムになっている。だが報酬の差が大きいために、平均二〇万ドルの借金を抱える医学部を卒業した学生の八割が、専門医を目指さざるを得ないのだ。

「都市部はまだましですが、郊外にいくと本当に悲惨です。国民の五人に一人が住んでいるのに、そういう場所には全米の医師の一〇パーセントしかいない。人口が少ない過疎地では、病気になってかかりつけ医を探してもまず予約なんかとれません。みな仕方なくERにいってますよ。

今までは郊外に住む高齢者のことが心配されていましたが、オバマケアでこの問題が悪化して、そのうちだんだん表面化してくるでしょう。

私は医師になって最初の四年、ERにいたので、けがをしたり重病になってから駆けこんでくる患者をたくさん診てきました。だからオバマ大統領がオバマケアをやると言った時、最初はホッとしたんです。糖尿病が悪化して両足先が壊死した患者が目の前で死んでゆくのは、本当に辛い経験でしたから」

「オバマケアで、少なくともERでそんなふうに亡くなる人は減るでしょうか？」

マークは一瞬表情を曇らせた。

「私はこの法律の根本が間違っていると思えてなりません。本当に国民のいのちと健康を守るためだとしたら、なぜ医師不足対策をせずに医療費をカットしろと医療現場に圧力をかけるんです？　そんなことをしたら結局、病院は看護師を減らすしかなくなり、ますます一人の患者へさく時間とケアの質が落ちてゆく。結局苦しむのは、この法律が救うはずの国民ですよ」

オバマケア成立後、保険会社やそのネットワークに参加しない医師の数は急速に増えている。その大半はかかりつけ医だ。システムにしめつけられた末に、医師同士集まって何人かのグループを作り、定額会員制の医療サービスを始めた医師たちも出始めた。会員は毎月、子供一〇ドル、大人五〇〜一〇〇ドルの会費さえ払えば、何回でも診療がうけられるしくみだ。検査は外部医療機関に直接依頼することで大幅な割引が効くし、重篤な病気に備えてあらかじめ民間保険に入っておけばいい。マークは自分も勤務医を辞めてこのチームに入ることを検討しているという。

「今アメリカのかかりつけ医は一人で約四〇〇〇人の患者を診ているんです。保険会社を通さない現金払いのこのチームなら、患者の数は一〇分の一の六〇〇人に減るし、膨大な書類入力から解放されるから、年収も二〇万ドルは維持できる。何よりの魅力は、医師たちが人間らしく働きながら、患者と健全な信頼関係を結ぶことができるようになることです」

## 「自宅介護はご家族の尊いお仕事です（富裕層以外）」

オバマケアの二大財源の一つである「高齢者医療予算カット」の荒波は、高齢者受け入れ機関であるホスピスや病院、老人ホームにも襲いかかってゆく。

多くの国民には知らされていないが、アメリカの老人ホームはすでにビッグビジネスと化している。全米に一万六〇〇〇か所ある老人ホームの七割は営利企業が、五四パーセントは大型チェーン企業が経営し、近年その所有権を手にしているのは強大な資金を手にゲームを楽しむウォール街の投資家たちだ。ホスピスも半数を超える五二パーセントが営利企業経営となり、透析センターに至っては国内の八五パーセントが投資家所有となってしまった。

三〇州に二七八か所の老人ホームを展開し六万人の職員を持つ、四〇億ドル（四〇〇〇億円）規模の老人ホームチェーン最大大手ＨＣＲメイナーケア社は、二〇〇七年にグローバル・プライベート・エクイティ企業のカーライルグループに六三億ドル（六三〇〇億円）で買収された。

こうした医療機関は、低く抑えられたスタッフ給与と勤務時間の長さ、料金の高さが特徴だ。投資家所有の老人医療機関は、近年急激に規模が拡大するほどに、その経営実態が見えなくなっている。お金のない高齢者の自宅介護は、今後さらに増えるだろう。政府は「介護は家族の尊いお仕事です」といいながら、オバマケアで介護施設や在宅介護サービスの予算を大幅にカットしているからだ。

全米各地の病院も、おなじように悲鳴を上げている。効率重視の投資家たちによって、今や一つの地域内にある、老人ホームやホスピス、病院、薬局、保険会社までが同じ株主の下に収まるようになってきたからだ。

「営利の病院が参入してくることは、その地域の非営利病院にとって悪夢です」

フロリダ州アルカディアにあるデソトメモリアル病院で働く看護師マリー・コーウェン

## オバマケア後に開業医と勤務医の比率が逆転

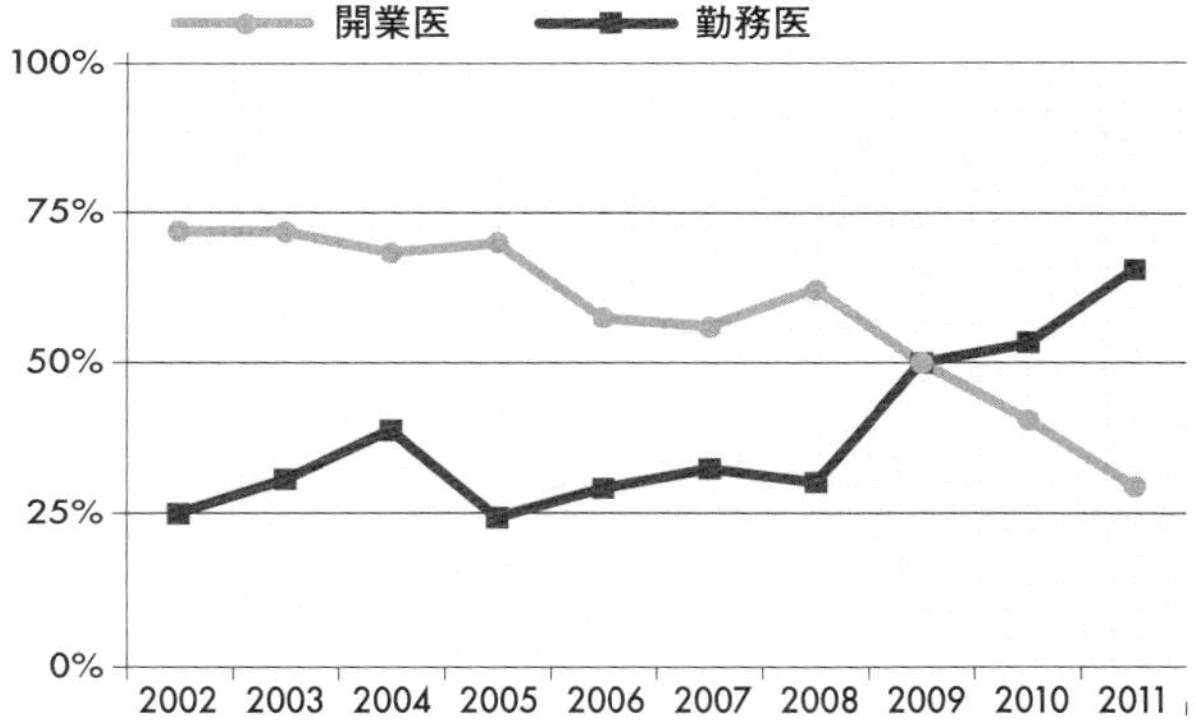


Medical Group Management Association, 'Physician Compensation and Production Survey' をもとに作成

はそう語る。

「営利病院は大抵参入前にその地域の医療機関を買収して傘下に収め、人件費カットで質を落とすやり方で、利益をあげる経営を導入するのです」

「買収に応じなかったらどうなりますか？」

「同じことです。彼らは大幅なコストカットで最初だけうんと安い医療を提供するんです。すると周りの非営利病院は価格競争に巻きこまれて嫌でも人件費か質を落とさないと生き残れなくなる。採算の取れない部門やＥＲはどんどん閉鎖させられるので、その分お金のない患者さんがこっちに押しよせて現場はパンクしてしまう。結局最後は値段で負けて彼らに患者さんを取られるか、あきらめて買収されて彼らの経営手法に変えさせられてしまうのです」

全米の病院の八割は非営利だが、ほとんどが不況による経営不振とオバマケアによる高齢者医療費削減のしわ寄せを受け、次々に倒産しているのが現状だ。

「医師と病院でチームを作り、医療費削減をさせるACO制度についてはどうですか？成果が上がっているというニュースもありますが」

「確かにACOは、高齢者医療費削減という目的については一定の成果をあげるでしょう。下げればボーナス、下げなければ罰金ですから。でもそれでは、学力テストの点数で予算に格差をつけて学校同士に競争させる〈落ちこぼれゼロ法〉と同じ問題が起きるでしょうね。競争に負けた公立学校がどんどん消えているように、すでに八割が経営難の地域病院は、医療費を削減しきれずにつぶれるか、どんどん大型医療法人チェーンの傘下に入れられている。コストカットは進むでしょうが、地域医療の質が下がり、お金のない患者さんの行き場がなくなってしまうのが心配です」

六五〇〇人の整形外科医が所属する北米脊髄学会のマイケル・ヘジェネス会長は、保険会社が病院や医師、診療所や薬局を次々に買い上げてしまうこの流れに警鐘を鳴らす。

「二〇〇二年には、脊髄学会に所属する医師の八割が開業医でした。今は七割が自分の診療所を閉鎖して病院の勤務医です。病院がコントロールできるのはコストだけではありません。治療の中身もです。共和党はオバマケアが国による医療の乗っ取りだといって反対していますがあれは間違いですね。現場からみると明らかですよ。乗っ取っているのは以前と同じ、ウォール街とヘルスケア業界です」

## 安い早い！　ウォルマートがあなたの主治医になります

オバマケアによる負担増に悲鳴をあげる病院と医師に受け皿がない状況で、メディケア高齢者にメディケイド患者、そしてオバマケア保険加入者の三つのグループは、いったいこの先どこにゆけばいいのだろう？

需要があるところには必ず、新しいビジネスチャンスが転がっている。そこに目をつけたのが、世界一の売り上げを誇る安売りチェーン小売店、ウォルマートだ。

二〇一一年一〇月。ウォルマート社は、自社の新規パートタイム従業員への保険提供の廃止と、同社が実施する、新しい〈アメリカ医療費大削減計画〉を発表した。

同社のジョン・アグノビ副社長によると、ただでさえ不足しており、オバマケア導入以降さらに減ることが予想される「かかりつけ医」の代わりに、ウォルマートが全米最大規模の、家庭医療提供チェーンを目指すという。

医療と薬がおそろしく高いアメリカで、人々は大抵の病気は病院に行かずに市販の薬でなんとかしようとする。こうした薬はデュアン・リードやウォルグリーンなどの、チェーンドラッグストアが販売してきた。

価格競争が激しいために、どこも少しでもコストを下げようと、薬剤師の代わりに看護師資格保持者をおいたり、バイトの店員に対応させている店も少なくない。スピードと手軽さを売りにした通称「コンビニドラッグ」が拡大することに対し、医師たちや病院からは危険視する声があがっている。

アメリカで毎年ERに運ばれる約七万人の子供のうち七割が、親が間違った薬の飲ませ方をしたために容態が急変した、五歳以下の幼児だからだ。

コンビニドラッグの案内表示。ミニッツ・クリニックへ誘う

だが業界は、子供用咳止めシロップだけで年間四〇〇〇億個の売り上げがある巨大市場のコンビニドラッグを手放す気は、さらさらないだろう。

医療アクセスのない人々を救うだけじゃなく、薬に対する関心をより高めてもらうことで、国民が自らの健康により責任をもつようになる。「セルフメディケーション」とよばれる耳触りの良い言葉が、政治献金やロビー活動をベールのようにおおい隠す中、規制はどんどんゆるめられてゆく。

ウォルマートの野望について、マンハッタン在住の金融アナリスト、ザック・バウマンはこう語る。

「ウォルマートとオバマケアのコラボは将来性の高い投資になると思いますね。カギを握るのは、オバマケアが今後一〇年で高齢者医療予算五七五〇億ドルを削減するために設置する、医師と病院のグループ『ＡＣＯ』です。ＡＣＯと提携して、彼らが患者をウォルマートにどんどん送ってくれれば、ＡＣＯは医療費節約ノルマを達成できて国からボーナスが出る。ウォルマートは高齢者を中心にした顧客を得られて、商売が軌道に乗るというわけです。すでに全米一七〇〇か所に店舗を持っているから新しい建物を借りなくても店内でクリニックを開けるし、設備投資は少なくて済む。まさにウィンーウィンのコラボだ」

「そう簡単に、特定の一企業と政府事業がコラボできるものでしょうか？」

だがそのあたりのハードルは、それから三年後に別な形で解決されることになる。

二〇一四年七月。オバマ政権のシルビア・マシューーズ・バーウェル保健福祉省長官は、オバマケア保険部署に新しいスタッフとしてレスリー・ダックを迎え入れた。

「彼の経営センスと、地域社会に対する貢献ビジネスの実績は、オバマケアが目指す、誰もが医療アクセスを持てる国作りという目標のための、大きな力になってくれると確信しています」

地域社会への貢献の実績を買ったという、長官の目のつけどころは確かだろう。たった一つ、新しい部下が貢献するのが地域の「住民」ではなく「消費者」であるという点をのぞいては。保健福祉省の新スタッフに任命されたレスリー・ダックの前職は、ウォルマート社の重役だった。

前述したリチャード・アーメリング医師は、小売店チェーンがかかりつけ医の役割をするというこの新しいビジネスに懐疑的だ。

「確かにウォルマートは普通の病院やクリニックよりもさまざまなものを安く提供できるでしょう。ですが医療はコーンチップスや洗剤のような〈商品〉を売るようにはいかないのです。相手は商品でなく違う条件を持った〈人間〉ですから。糖尿病やリウマチの患者も受け入れますというが、複雑な疾患ほど、医師ではないスタッフが対応するリスクは高くなる。それで悪化したり、最悪死亡したりした場合に、誰が責任をとるのでしょう？ウォルマートの店内クリニックで何かあったら、バイトのお兄さんは責任をとれますか？食中毒を出した時のように、社長が記者会見をして頭を下げたって取り返しがつかない。いのちを商品にするビジネスには、そこが抜け落ちているように思えてなりません」

始まったばかりのウォルマートの新ビジネスはまだ発展途上だが、一つ確かなことは、オバマケアにより増やされたメディケイド患者や、ERに駆け込む高齢者の終末期医療が、今後確実に経済成長をはるかに上回るスピードで増大してゆくことだろう。そして人間らしい働き方を失って、医療現場を去ってゆく医師たちが増えるほどに、こうしたビジネスチャンスもまた、次々に誕生してゆく。

だがウォール街の投資家たちは、すでに次のステップに進む段取りを整え動き出していた。彼らの目が向けられているのは、オバマケアで今後さらに解体されるだろう自国アメリカではなく、もうすぐ到達するこのゲームの最終地点と、その先にある新たな市場展開だった。

# 第三章　リーマンショックからオバマケアへ

写真：Alamy／アフロ

## ゲーム必勝法「回転ドアをくぐれ！」～オバマケア設計者と愉快な仲間たち～

リーマンショックの直後、危機を作り出した張本人であるにもかかわらず、六大メガバンクが税金で救済された最大の理由は、内部の人間を、政府と業界の間で頻繁に出入りさせる、目に見えない「回転ドア」の存在だった。

非営利の政府監視機関パブリックシティズンのデータによると、金融危機から半年もたたないうちに、六大メガバンクは二四三人のロビイストを雇い入れている。うち三三人は元国会議員の事務所主任、五四人は元議会金融規制委員だ。二〇〇九年末までに金融業界が雇い入れた元政府職員の数は一四四七人にふくれあがり、彼らの精力的な働きかけによって、六大メガバンクは金融危機の責任を逃れることに成功する。

将来の利益を大きく左右する銀行の投資部門分離を含む金融規制法については、特に力が入れられた。メガバンクは、同法の審議時期に一日平均一億ドル（一〇〇億円）という法外なロビイング費用を使って議員たちに圧力をかけ、規制法成立までに費やされたロビ

## アメリカの銀行上位6行の資産（GDP比）

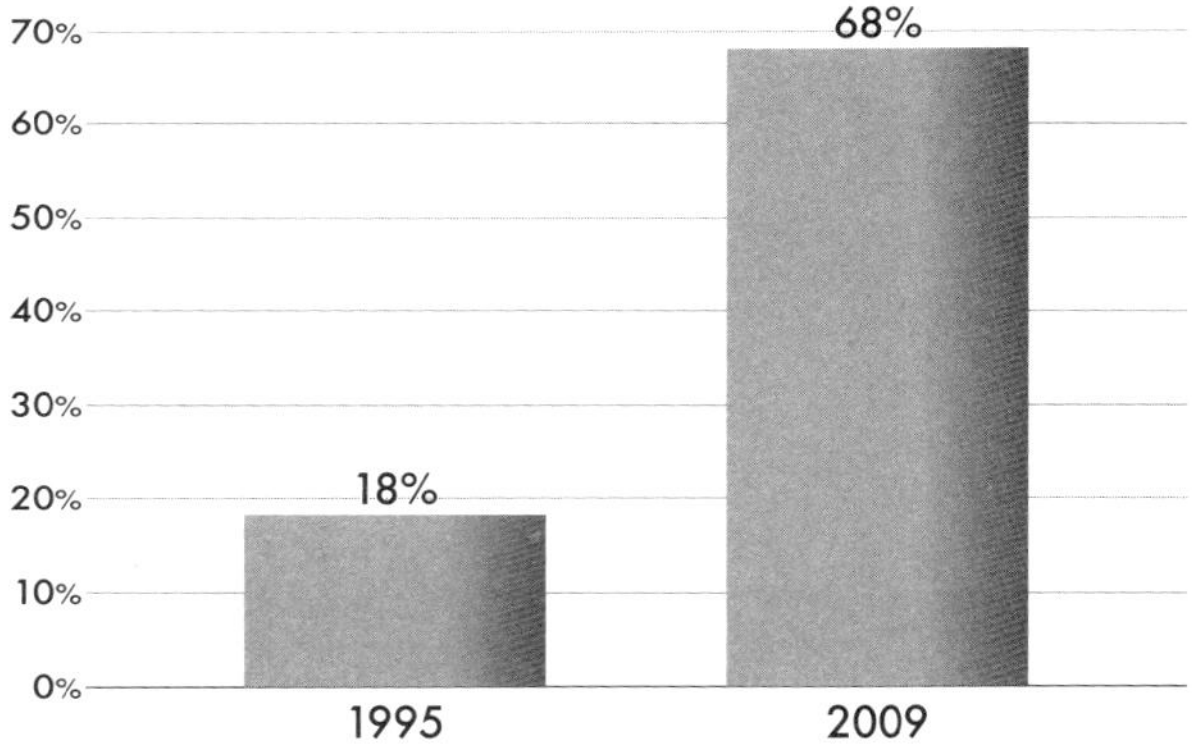


James Kwak and Simon Johnson, *13 Bankers*, Pantheon, 2010 より作成

イング費用の合計はついに三〇〇〇億ドル（三兆円）に達した。たゆまぬ努力と投資は実をむすび、金融業界の再暴走を抑えるはずのドッド＝フランク法が成立した時は、見事に穴だらけのざる法になっていた。

二〇〇八年にオバマ大統領が就任した時、最初に宣言したのは、こうしたロビイストと回転ドアとの決別だ。

〈私が大統領でいるうちは、業界ロビイストの出入りは厳しく規制されるだろう。過去二年間にその業界にいた者が、該当する政策を担当することはありえないし、政府の職を去った者が再び私の政権にロビイング活動をすることも許さない〉

政治理念と政策実施、どちらも国を動かしてゆくためには不可欠だ。前者は国民に投げかけられるスローガン、後者の現実はお金と人の流れに現れる。

オバマケアが成立した時、メディケア・メディケイド担当に任命されたアンディ・スラビットは、全米最大の保険会社ユナイテッド社の子会社オプタム社の元社員だ。スラビットは同法の施行について、しっかりと元職場の意向を組み入れ、ユナイテッド社の株価をあげた。

二〇一二年に保健福祉省の顧客情報と保険担当ディレクターを辞任したスティーブ・ラーセンは、回転ドアを逆方向に出て行った。オバマケア法の内容を熟知していたラーセンは、ユナイテッド社に幹部として迎え入れられ、その後同社はオバマケア保険の大半に、独占的に入り込むことに成功している。

だが過去一〇年の間に、この業界と政府間の回転ドアをもっとも滑らかに出入りした最重要プレイヤーは、ある人物をおいて他にいないだろう。

二〇〇一年。全米最大の保険会社ウェルポイント社の社員だったリズ・フォウラーの最初の任務は、ドアをくぐって医療関係法管轄の上院金融委員会にもぐりこみ、メディケア

オバマケア法を書いた元保険会社重役のリズ・フォウラー氏
写真：ロイター／アフロ

処方薬法改正の設計に関わることだった。同法は二年後に成立し、政府からメディケアの薬価交渉権を奪い、処方薬部分に民間保険会社が入りこむ隙間を作ることに成功する。仕事を終えて政府を去ったフォウラーには、ウェルポイント社のロビイング部門副社長の席が与えられた。数年後、前回よりはるかに規模が大きい任務を果たすため、フォウラーは再び回転ドアをくぐると、今度は上院金融委員会の、マックス・ボーカス委員長直属の部下となる。

〈オバマケア〉法案の骨子を設計するために。

彼女は手始めに、医療・製薬業界にとっての最大の障害である〈単一支払い医療制度（シングルペイヤー）〉案を、法案から丁寧に取り除いた。日本やカナダのようなこの方式を入れられたら最後、医療・製薬業界が巨大な利益を得られるビジネスモデルが一気に崩れてしまう。法案骨子が完成すると、フォウラーは次に保健福祉省副長官に栄転し、オバマケアにおける保険会社と加入者側それぞれの利益調整業務を任される。こうした一連の任務を終え、彼女が再びホワイトハウスを離れる際、送別会の席でボーカス上院議員は、感に堪えぬといった様子でフォウラーへの感謝を口にした。

「リズ・フォウラーこそ、この法案作成チームをまとめあげた人物です。八七頁の法案骨子を作成した優秀な弁護士である彼女は、どんな時も笑顔を絶やさず、この法律成立のために誰よりも献身的に身をささげました。彼女なしではオバマケアの実現はなかったでしょう。この場を借りて心からの感謝をささげます」

だがホワイトハウスでのこうした賛辞は、彼女がその後手にした報酬とは比べ物にならないだろう。元の業界へと続く回転ドアを再びくぐったフォウラーを待っていたのは、最大大手製薬会社の一つであるジョンソン&ジョンソン社の政府・政策担当重役の椅子だった。

ヤフーファイナンスのデータをもとに作成

ウェルポイント社の株価が、その後ロケット級に上昇したことは言うまでもない。

そんな彼女の背中を見送ったボーカス議員もまた、業界とのパイプでは負けていない。上院金融委員のボスであるボーカス議員の事務所には、三四人ものロビイストが常勤し、うち三人に一人は民間企業の元医療保険部門担当者が占めている。ボーカス議員は、オバマケア法案の公聴会で、医療・製薬業界の法外な利益にメスを入れ、医療費高騰に歯止めをかける〈単一支払い制度〉を支持する医師たちを、会場で逮捕させた張本人だ。

レーガン政権の頃から勢いよく回り出した「回転ドア」。出入りするロビイストの数は年々増えている。全米ロビイスト連盟のジェイムス・アルバーティン会長によると、現在ワシントンに一万七八〇〇人いるロビイストの四割が、医療・製薬業界を担当しているという。国会議員五三五人一人につき一三人のロビイストが、常時貼りついて圧力をかけるのだ。

石油、農業、食、教育、金融、過去半世紀の間に、国家解体ゲームの舞台になったすべての業界から送りこまれたたくさんの人々が、このドアをくぐりホワイトハウス内部に入っていった。彼らは自分たちの企業がビジネスをしやすい環境を整備する法律や規制緩和を行政府に実行させると、再び同じドアをくぐり、巨額の報酬と幹部の椅子が用意された元の業界へと戻ってゆく。

## 笑いが止まらない人々〜保険会社編〜

リズ・フォウラーの快挙のおかげで、ウェルポイント社をはじめとする大手医療保険業界一〇社の株価は、オバマケア成立後にそろって上昇、同法が本格的に浸透してくるにつ

| | |
|---|---|
| **Joseph Swedish, Wellpoint**<br>**$17.0 million**<br>($49,853 per day)<br>WELLPOINT | **Michael Neidorff, Centene**<br>**$14.5 million**<br>($42,560 per day)<br>CENTENE |
| **Stephen Hemsley, UnitedHealth**<br>**$12.1 million**<br>($35,484 per day)<br>UnitedHealth Group | **Mark Bertolini, Aetna**<br>**$30.7 million**<br>($90,029 per day)<br>aetna |
| **David Cordani, Cigna**<br>**$13.5 million**<br>($39,589 per day)<br>CIGNA | **Bruce Broussard, Humana**<br>**$8.8 million**<br>($25,807 per day)<br>HUMANA |

**業界の平均報酬額（2013年）：$35,239**

Physicians for a National Health Program
（https://www.facebook.com/doctorsforsinglepayer/）より

れ、その上げ幅は予想以上のスピードになっている。

二〇一四年。翌年の保険料が再び上昇するというニュースに全米の保険加入者や医師や病院が恐々とするなか、大手保険業界幹部と株主たちは、華やかな宴に酔いしれていた。

これら企業群のお祭り騒ぎのレベルを知りたければ、証券取引委員会が毎年春に公開しているデータをみればいい。

CEO部門での勝利者は、なんと言っても全米最大の大手保険会社エトナ社のCEOマーク・ベルトリーニだ。

二〇一三年度の報酬は、前年より一三一パーセントアップした三〇七〇万ドル（約三〇億円）。投資家たちの間では、今後一〇年でオバマケアが同社の収益をさらに押しあげてくれることに、大きな期待が寄せられている。

株価部門でもっとも大きな成功を収めたのは、高齢者用民間医療保険メディケア・アドバンテージプランの第一人者で、前年度比五三パーセントの株価上昇を実現させたフマナ保険社に軍配が上がった。

保険の仕組みを理解していないベビーブーマー高齢者たちは、まるで迷子のコガモの群れだ。誰かが適切な方向に導いてやらなければならない。今後もフマナ社と高齢者ロビー団体ＡＡＲＰは、引き続き手に手を取りあい、同じ目標に向かって前進してゆくことだろう。

オバマケアのおかげで受給人口がふくれあがり、彗星のごとく現れた巨大市場メディケイド部門も負けてはいない。

州をまたがってメディケイド受給者のマネジメントを担うセンテネ社とモリナ社の躍進ぶりは、目の玉が飛び出るようなダイナミックさだ。センテネ社のＣＥＯマイケル・ネイドフの報酬は、前年度の八五〇万ドルから一四五〇万ドルと、七一パーセントの上昇。モリナ社オーナーのマリオ・モリナに至っては四九五万ドルから一一九〇万ドルで、上げ幅なんと一四〇パーセント！

そしてなんとも都合のいいことに、こうした饗宴の中身は大手マスコミではほぼ取り上げられず、国民には知らされず、さらにワシントンの政治家たちにもごく一部を除き、こうした数字を毎日細かくチェックしている者はいないのだった。

一万八〇〇〇人の医師を会員に持つPNHP（皆保険を目指す医師の会）の事務局に勤務するケイティ・ロビンスは、オバマケアを傘屋に例えてこう表現する。

「オバマケアはまるで、雨が降った時濡れないように、国民全員に傘を買って渡したような法律です。ところがいざ雨が降って傘を開いてみると、傘は布でなく紙でできていて、どんどん穴があき、みなずぶ濡れになってしまう。しかも傘の代金は、国民から集めたお財布から支払われていたという……」

「欠陥商品を配ったと？」

「その通りです。この法律は〈オバマケア保険〉という、高額な欠陥商品を強制的に買わせているのです。高くて買えない人には、前に彼らから徴収したお金を少し渡して無理やり買わせる。そして欠陥商品の売り手には、これまた国民から集めたお金を補填費用という名目でたっぷり渡し、絶対に損が出ないように強力に守っているのです。どこかでみたことありませんか？　この構図」

である。

金融危機の時、支払い能力がない人々にさんざんサブプライムローンという欠陥商品を売りつけた、証券会社に投資銀行、格付け機関に経済学者たち。

彼らはさらに、不動産の安全神話が崩れた時のために、そのリスクまで投資商品に変えて売りつけ、ゲームの作成者である売り手側には決して損が出ないような詐欺システムを作り上げた人々だ。そして彼らは、買ったはずの夢が悪夢に変わった人々を尻目に、政府に救われた会社からの巨額のボーナスと退職金を手に、悠々と退場していったのだ。

あの危機を引き起こしたウォール街の銀行や住宅金融公庫を救うために、政府が国民の血税七〇〇〇億ドルを注ぎいれた際、連日新聞の見出しを飾った、「Too Big To Fail（大きすぎてつぶせない）」という一行。

この言葉は、その後国家解体ゲームの次のラウンドに参加するプレイヤーたちにとって、

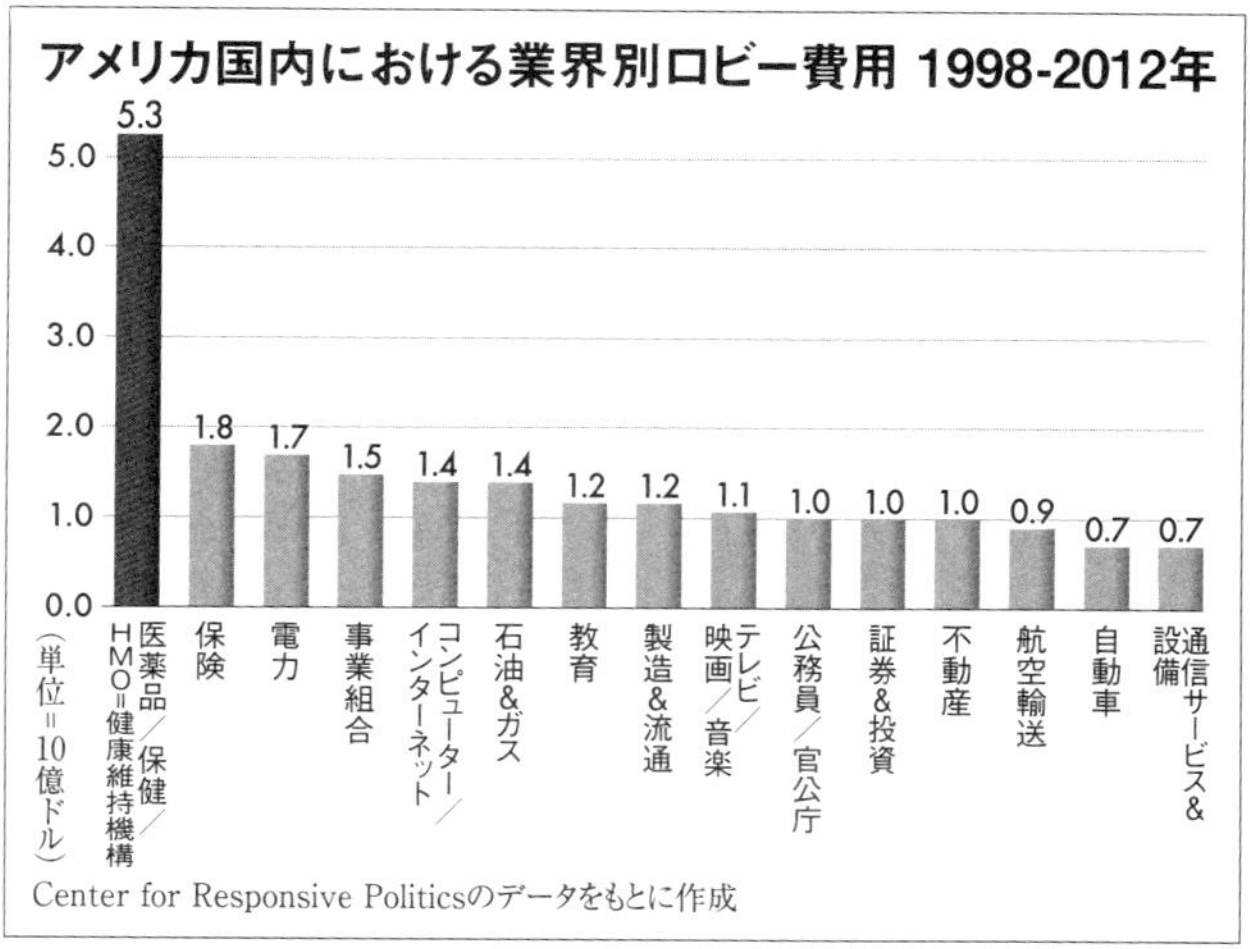

Center for Responsive Politicsのデータをもとに作成

伝家の宝刀になったのだ。

どれだけ国民の金で博打を打ってもノーリスク。調子に乗りすぎて失敗した時は、前任者から引き継いだその最強アイテムを抜けばいい。すると国庫という名の巨大な金庫を手にする政府が、もれなく助けに来てくれる。

ウォール街の次にこれを手にしたのは、オバマケアという新しいゲームの主役として登場した、医療産業複合体だった。

## 笑いが止まらない人々〜製薬会社編〜

オバマケアという新しい法律に向け着々とやるべきことをやってきたのは、ウォール街だけではない。二〇〇九年から一三年までの四年間で、大手製薬企業一〇社が投じたロビイング費用の総額は二億三六〇〇万ドル（二三六億円）。その結果、彼らはオバマケア成立で三二〇〇万人の元無保険者を新顧客として得たうえに、向こう一〇年で約一一五〇億ドル（約一一兆五〇〇〇億円）の収益を約束されたのだった。

二〇一四年八月。〈奇跡の薬〉と呼ばれるC型肝炎の新薬〈ソバルディ〉が、アメリカ保健福祉省に保険適用薬として承認されたことが公表された。インターフェロンとの併用が不要、投薬が一日一回ですむなど、優れた効果もさることながら、世間をどよめかせたのは、ギリアド・サイエンシズ社がつけた一錠一〇〇〇ドル、一クール一二週間で八万四〇〇〇ドルという値札の方だ。

郊外に家が一軒建つような値段のこの薬が、受給者がふくれあがったメディケイドの適用薬リストに入れられるのと、プレスリリースが出されたのはほぼ同時期だった。

コーネル大学のオリバー・フェイン博士は、オバマケアが製薬会社に与えた特権は、信じられないほど大きいという。

「製薬会社は自社の薬に、好きなだけ高い値札をつけられる。しかも営業などせずとも、今後は税金で買ってもらえるのです。ですがこれがもし何百万人もいるメディケイド受給者の一割にでも処方されれば、その請求書だけで自治体は破産しますよ」

博士の言うとおり、新しく市場に出たソバルディの値段に全米各州の知事たちはパニックになった。例えばメディケイド患者約六〇万人の医療費に年間三億七〇〇〇万ドル（三七〇億円）の税金を投入しているオレゴン州では、ソバルディが処方されるとメディケイドの年間支出は二倍になってしまう。他の州も同じ理由で、頭を抱えて困り果てている。

ソバルディがメディケイド患者に大量に処方されれば、今後一〇年でギリアド・サイエンシズ社には約三〇〇〇億ドル（約三〇兆円）の収益が約束される。株主、役員、そして投資家たちにとってソバルディは、まさに文字どおり〈奇跡の薬〉だった。

オバマケアによって、どれだけ値上げしても薬は税金で買ってくれる仕組みができたことで、製薬会社はほくほくしていた。薬は一度開発すれば特許で当分は独占できるので、価格が下がる心配もない。利益は取り放題なのだ。株価はあがり、株主は上機嫌で、どんどん活用するよう激励してくる。〈ところで、メディケアのほうも、うまくいってるんだろうね？〉

メディケイド患者は高齢になると、自動的にメディケアとメディケイドの両方に入れられる。製薬企業にとって、これはまさに高齢化社会がもたらした贈り物だ。通常のメディケイドが値引きされてしまうのに対し、この二重加入者の処方薬だけは政府が通常の三倍の値で購入してくれるからだ。

国民が年をとるほどに使う薬の数も増え、その額もあがってゆく。オバマケアがメディケイドの受給条件をゆるめ、メディケアから処方薬保険オプションを外してくれたおかげで、今後二重加入者は一気に増えるだろう。メディケアから大きな収益を得ている製薬企業一〇社が、法案成立前年から投じた二億三六〇〇万ドルのロビー費用は、確実に大きなリターンとして戻ってくるのだ。

これはちょうど、日本の電力会社とよく似ている。

経営上のマイナスは、電気料金に上乗せして消費者である国民に負担を回し、電気料金をあげる際は、日ごろからたっぷり献金している政権与党が承認をくれる。電気料金を値上げする一方で、株主配当と役員報酬はどんどんあげられるため、国民の生活は苦しくても大企業の株価は上昇する一方だ。

そういえば、フードスタンプもこのパターンだった。人道支援と医療支援、キャッチフレーズは違うものの、オバマケアのメディケイド拡大と同じ手法だろう。

オバマ大統領はフードスタンプを大量に発行し、受給条件をゆるめて低所得層のみならず中流にも配りまくった。濡れ手に粟の巨大利益を得たのは、ウォルマートとファストフード、加工食品企業と、カード手数料が入るウォール街の投資銀行だ。

一方で、フードスタンプ受給者たちの栄養状況は劣化し続けている。

二〇一四年に発表されたハーバード大学公衆衛生大学院の研究によると、過去一二年でアメリカ国内の貧富の差は、収入だけでなく栄養格差にまでいきついたという。

その一方でフードスタンプから利益を得る企業群の株価はぐんぐん上昇、オバマ政権はそのうちアメリカ国民だけでは足りなくなったのか、メキシコからの不法移民にまでフードスタンプを配り始めた。

ならば、と私はふと思った。

メディケイドもそうだろうか？

前述したフェイン博士は、現政府内にある不穏な動きについて懸念を語る。

「実はオバマ大統領が中間選挙直後に、ある大統領令（議会を通さない形で大統領が発令できる行政命令）に署名するという噂が、現在あちこちで流れています。オバマ大統領は就任以来、九二三もの大統領令を発令している。内容は、アメリカ国内に五〇〇万人いるといわれる不法移民に滞在資格を与えるというもの。これがどういうことを意味しているかわかりますね？」

滞在資格を得た移民五〇〇万人が、みなメディケイドに加入したとき、医産複合体とウォール街の饗宴は、狂ったような盛況ぶりとなるだろう。だがその時患者は、医師は、病院や自治体は、いったいどうなってしまうのか？

「それはもう決定なのでしょうか？」

私が聞くと博士はしばらく考えこんだ。

「さあ、こればかりは中間選挙が終わってみなければなんとも言えません。今度の選挙はよく注意してみる必要があります。なぜならその結果によって、現政府が進めているこのやり方の進み具合が変わる可能性がありますからね。一つだけ言えることは、今起きていることが、アメリカという国家にとって、どんな他国侵略よりも危険だということです。

そしてその流れが次に到達するのは、おそらくあなたの国日本でしょう」

## 笑いが止まらない人々～ウォール街編～

回転ドアを出入りする業界幹部のなかでも、突出してその数が多いのがウォール街の人々だ。あらゆる業界の間を自由に泳ぎまわる彼らは、常にホットなビジネスチャンスをみつける嗅覚にたけている。八〇年代以降、中小企業と組合が徐々に消滅するなかで加速していった寡占化ラッシュは、ウォール街にとってチャンスに満ちた時代の幕開けだった。収益があがればあがるほど、無駄な競争をなくし最大利益を得るために、企業は吸収合併を進め、規模を拡大させてゆく。後押しするのは、合併のたびに巨額の手数料を得るウォール街の投資銀行だ。七〇年代の石油、八〇年代の食と農業、教育ビジネスにヘルスケアビジネス、そのたびにウォール街は強大な力を付けてゆく。

今回もオバマケア法成立の舞台裏で、ダイナミックな合併劇が繰り広げられていた。二〇一二年八月、保険大手のエトナ社が、メディケア・メディケイドを扱うコンベントリー・ヘルスケア社を五七億ドルで買収。同じく二〇一二年一二月、全米最大保険大手のウェルポイント社は、メディケイド保険を中心に扱うアメリグループを買収した。この時は四九億ドル（四九〇〇億円）という業界史上最大の現金契約によって、仲介したゴールドマン・サックスやクレディスイスに、巨額の手数料が流れこんだ。

リーマンショック以降も野放しにされている巨大銀行は、デリバティブ取引と業界の合併で法外な利益を得ながらますます大きく強くなっている。舞台はもちろん全世界だ。

二〇一二年、大手保険会社のユナイテッド・ヘルス社が、ブラジルのアミル・パルティシパソンエス社との合併を発表したが、これには重要な要素があった。オバマケアは医療保険会社に保険料収入から得た利益の八割を医療にあてるよう義務づけたが、海外子会社を作ることで利益は分散できるのだ。さらに国民の生活レベルがあがり中流がふえているブラジルのような新興国は、次の保険市場としても大きな可能性をもっている。

## ゲーム必勝法「少数企業で独占せよ」

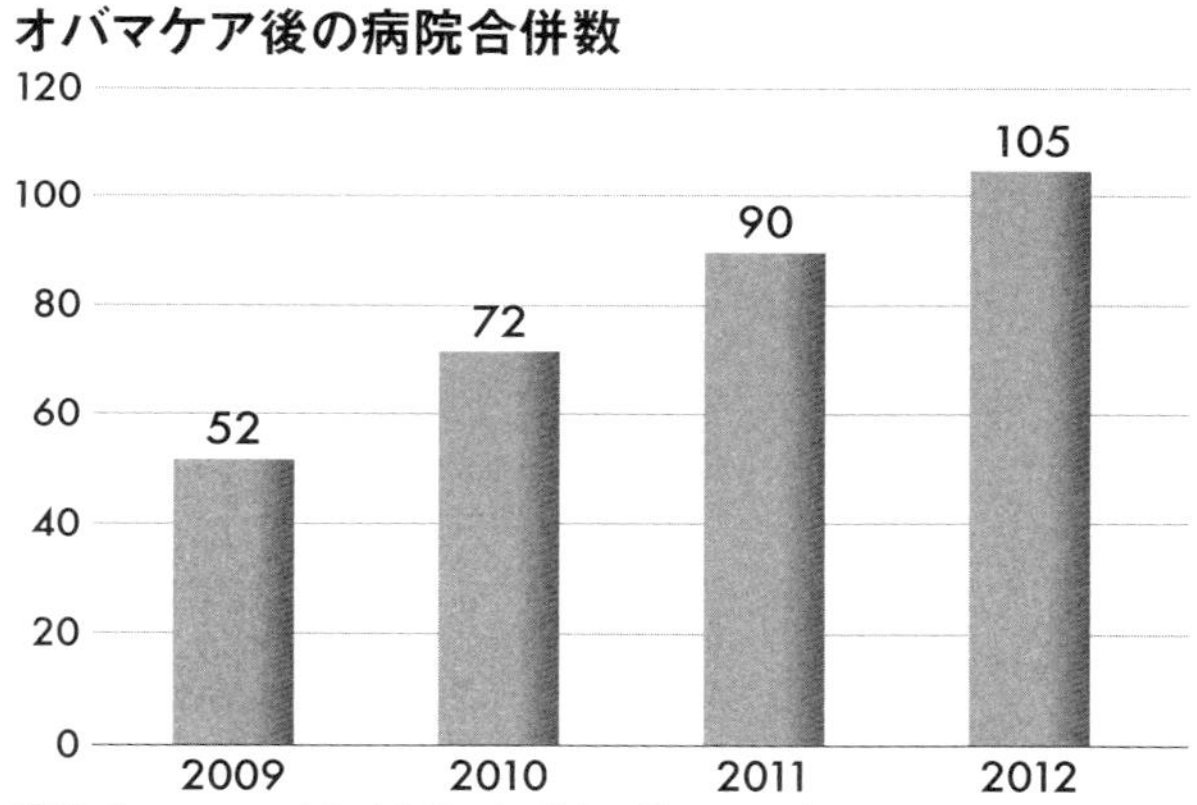

Phillip Longman and Paul S. Hewitt, 'After Obamacare', *Washington Monthly, January/February*, 2014 より

ウォール街が後押しする吸収合併により、さまざまな業界では、一握りのグローバル企業が支配する構図が進んでいる。競争相手を傘下に収めると効率化され利益は拡大するが、ピラミッドの数が少なくなるほどに、市場原理の利点の一つである「競争による価格下落機能」は効かなくなってゆく。

高すぎる保険料に苦しむアメリカ国民が期待を寄せたのは、オバマケアで政府と推進派が繰り返し強調した、皆保険制度で保険会社の間にフェアな競争が起こり、月々の保険料が下がるという点だ。フェアな競争どころか、すでに寡占化した保険市場には、もはやまともな競争そのものが存在していないことに人々が気づいたのは、法案成立の後だった。どこの州でも、少数の大手保険会社が市場を独占しており、競争して価格を下げる必要などない状態なのだ。その結果月々の保険料は、オバマケア成立後もずっとあがり続けている。

例えば全米最大の保険会社であるブルークロス・ブルーシールド社は、三〇州で保険市場の五〇パーセント以上を支配している。他の大手保険会社も同じように合併を進めており、オバマケアの課した多くの条件で、さらに中小の保険会社がふるい落とされてゆくだろう。

こうした大手保険企業は自らを「保険会社」ではなく「マネージド・ヘルスケア企業」と呼び、その地域の病院や医療機器メーカー、弁護士事務所にいたるまで次々に傘下に収めることで、地域全体を支配しつつある。巨大化すればするほど、ロビイストを増やし政治家に圧力をかけられるうえに、複雑に入り組んだ組織の経営実態も外から見えにくくなる。金融危機で、寡占化した六大メガバンクの下で行われていた数々の詐欺的行為が一気に明るみに出たが、同じことはどの業界でも起こっているのだ。

病院の寡占化もスピードをあげている。二〇〇九年に五二件だった吸収合併は、二〇一〇年には七二件、二〇一一年には九〇件、二〇一二年には一〇五件と年々増えている。二〇一三年にコンサルティング会社のブーズ&カンパニーが行った調査によると、全米の病院で今後も個人経営を続けると答えたのはわずか一三パーセント、このままいくと、五年以内に一〇〇〇以上の病院が、大規模医療法人の下に吸収されていくという。

## リーマンショックとオバマケアは同じゲームだ！

オバマケア法成立で雪崩のように始まった医療保険会社の「合併ラッシュ」。
国家解体ゲームにならなくてはならないこのプロセスの始まりは、「狂騒の時代」と呼ばれた一九二〇年代末だった。この時期アメリカで起きた一連の出来事は、二〇〇八年のリーマンショックと重なるところが非常に多い。

政府は富裕層に減税、中流層へは増税、富が上位一パーセントへと集中してゆく。さらに最高裁の「最低賃金法違憲判決」が格差拡大を後押しし、工業資産の三分の二が個人から大企業へとシフト、少数の大企業によるピラミッドが形成されていった。

株の売買が許されていた銀行は、株価上昇安全神話をPRしながらどんどん株の購入資金を貸しつけ、熱病のように国中に蔓延した「資産を増やせる」という幻想が、国民の消費と株価バブルを加速させた。

だがもちろん、神話は崩壊する。

一九二九年にFRB（連邦準備理事会）が金利を引き上げ、「暗黒の木曜日」に株式相場が暴落、幻想の富はアメリカの実体経済を道連れにして、一気に崩れ去ったのだった。

〈二度と再び、金融機関の暴走を許してはならない〉

一九三三年。時の政府は大恐慌の反省を込めて、銀行と投資・保険を分離する〈グラス・スティーガル法〉を成立させる。

半世紀後、規制緩和大統領の別名を持つレーガン政権下で、投資ラッシュは息を吹き返した。海外から流れこんだ資金が、債権大国だったアメリカを瞬く間に債務大国に変え、国民は再びあらゆるものを借金で買うようになる。

レーガンは銀行法をゆるめ、銀行や貯蓄型貸付機関（S&L）などが企業債権を買えるようにした。その結果S&L七三五社が破綻し、納税者が一六〇〇億ドル（一六兆円）の損失を被る一方で、投資ブームはウォール街をますます肥えさせていった。

続いてレーガン政権が手をつけたのは〈独占禁止法〉の骨抜きだ。

もはや中小企業は必要ない、業界は数社で独占した方が、無駄なコストも競争もない状態でもっとも効率よく利益をあげられる。各業界の寡占化が、堰《せき》を切ったように猛スピードで加速し始めた。

この時小売業界で頂点に躍り出たウォルマートは、食の業界を支配下に置き、政府が低所得層に提供するフードスタンプから莫大な利益を得るようになった。

アメリカの小売業界の寡占化

Wenonah Hauter, *Foodopoly*, 2014より

食肉業界では吸収合併で勝ち残った数社の下に、競争力を失った個人生産者が契約労働者として搾取される図が完成し、「強い農業」の名の下に大規模化した農業は、

中小農家を吸収し株式会社経営が中心となってゆく。

アメリカの主要業界では、企業が次々に少数の大企業の傘下に収まってゆくなか、莫大な合併手数料で巨大化するウォール街の手のひらに、もう一つの〈甘い果実〉が落ちてきた。

一九八四年に起きた、「アメリカ史上最大の銀行破綻」と言われるコンチネンタル・イリノイ銀行の危機だ。この時政府は今までと違い、経済全体へ負の影響が出るとして、全面救済を決定した。

この時のレーガン大統領の有名なセリフが、その後のアメリカ社会の運命を、大きく変えることになる。

「大きすぎてつぶせない（Too Big To Fail）」

アメリカの主要銀行とウォール街が、運命共同体となった瞬間だった。

## すさまじい権力統合がくる

イリノイ州シカゴ在住の元金融アナリスト、ジェイコブ・マクミランは、この時のことをこう語る。

「ニュースを聞いた時思わず、〈何てこった！〉と声をあげました。これから銀行は先を争って東西南北で合併し、すさまじい権力統合がはじまると思ったからです。最終的にはアメリカ国内の商業活動は、すべてメガバンク五行の下に収まるでしょう。銀行とウォール街がタッグを組んで、リスクは有権者がかぶってくれる。ゲームでいうと、何度死んでもそれを飲めば生き返る〈不死の薬〉を手に入れたようなものですよ」

「ＴＢＴＦ（大きすぎてつぶせない）ドクトリン」という不死の薬を手にしたウォール街と主要銀行は、八〇年代から九〇年代にかけて、マクミランのいうすさまじい統合を進めながら巨大化していった。レーガン政権前に一万四〇〇〇強だった国内銀行は、州ごとの銀行業務規定撤廃などにより次々に合併・吸収され、九六年には三分の二まで減少した。

レーガン政権からの方向性を忠実に引き継いだブッシュ大統領に続き、クリントン大統領もまた、着実に国家解体ゲームのコマを進めた一人だろう。

クリントン政権下で、それまでアメリカが誇っていた多様なメディアはわずか五社の巨大企業にほぼ統合された。これにより記事の方向性を株主と広告主の意向が決定し、記者たちが雇われ労働者のようになるという新しい形態が主流になってゆく。

メディアの寡占化はアメリカンジャーナリズムの位置づけを別のものに変質させてしまったが、あらゆる産業が少数の大企業の傘下におかれる社会にとっては、国民の反発をおさえ、政策など政治の本質から目をそらせるために、大手マスコミはなくてはならない最重要機能の一つだった。

一九九九年。世界最大の投資銀行ゴールドマン・サックスからホワイトハウス入りしたルービン財務長官と後任のサマーズ財務長官両氏に後押しされたクリントン大統領は、ついに〈グラス・スティーガル法〉を廃止する〈金融近代化法〉に署名。

封印は解かれ、リーマンショックの破滅へと向かう、アメリカの狂騒が始まった。

クリントン大統領はさらに二〇〇〇年に、食糧価格を投資対象にする「商品先物近代化法」に署名、この「食糧価格」という新商品が、のちに住宅バブルが崩壊した時、ウォール街の投資家たちを次のマネーゲームへ招待することになる。

クリントン後に就任したブッシュJr.大統領が担当したのは、言論統制、そして公教育と

**1980年代から急速に寡占化したメディア**

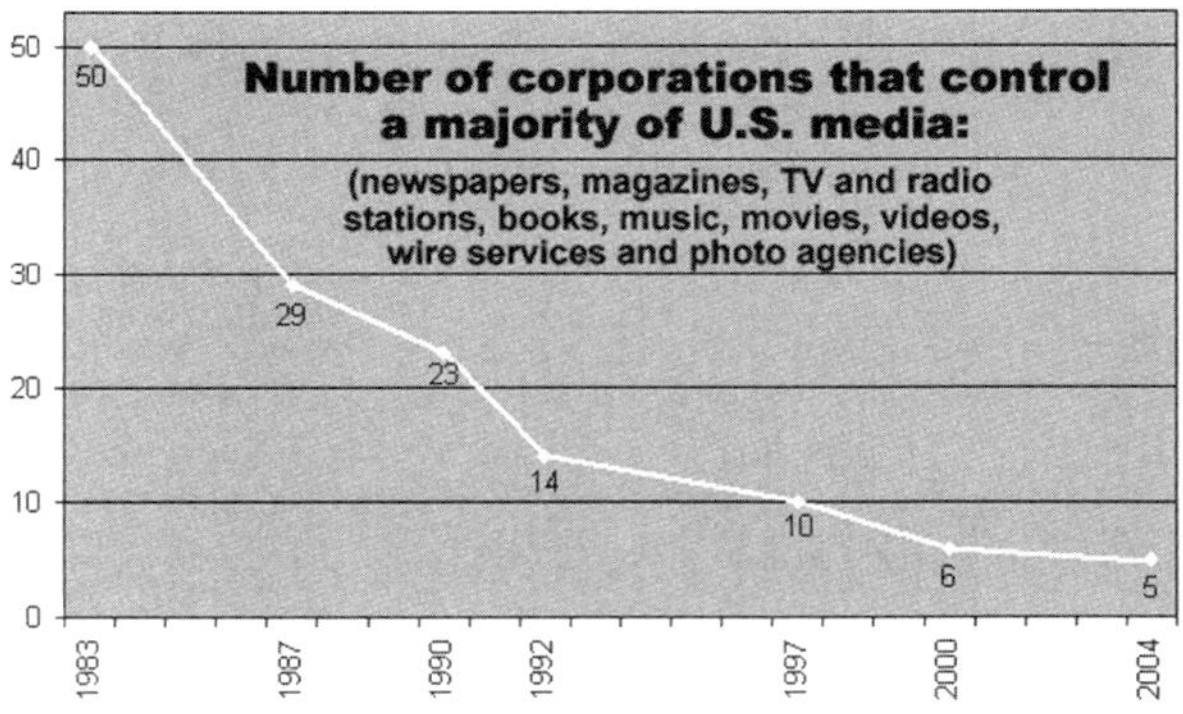


Ben H.Bagdikian,*The New Media Monopoly*, 2004より

自治体と労働組合の解体だ。

国家解体ゲームにとって言論統制はなくてはならない要素だが、冷戦時代からの強い共産主義アレルギーと、政府介入への反発が浸透しているアメリカで、平時にこれをやるのは容易ではない。

だがタイミングの良いことに、九・一一の同時テロで誕生した「新しい外敵」が、この問題を解決してくれることになる。治安を守るという大義名分のもと、国内監視は正当化され、まずは〈愛国者法〉、続いて〈国防受給法〉など、自由な言論をおさえ、政府に権限を集中させる一連の法律が次々に成立していった。

ブッシュ政権は次に、ほとんど赤字の全米自治体を、公共サービスの切り売りと民営化に誘導していった。

ウォール街の投資家たちが自治体の一部を二束三文で買い上げ、確実に四半期利益が出る大企業傘下の民間事業へと変えてゆく。IMF（国際通貨基金）が途上国で実行してきた「構造改革」と同じ手法が、アメリカ国内の自治体で次々に実行されていった。

レーガン政権が手をつけたもののまだ道半ばだった労働組合の解体は、ここでは教育部門で行われた。オバマケアで医療従事者に予算削減競争をさせたのと同じ手法で、政府は学力テストを義務化し、点数を競わせ、敗者には予算カットや学校の統廃合、廃校という罰を与える。予算カットで経営が悪化した公立学校は教員の非正規化を進め、教職員組合は次々に解体されていった。教育にたくさんのルールを課すことで現場の教師たちを常に忙しくさせておくことは、横のつながりで連帯させたり、政治的な声をあげることをおさえる効果もあった。

妹が小学校の教師をしているという、前述したニュージャージー州エセックスの勤務医マーク・ロイドは、こういった。「私たち兄弟は全く別の道を進んだはずなのに、最近妹

Bureau of Labor Statisticsのデータをもとに作成

をみていると、教師たちの状況が今の自分と重なってしょうがないんです。次にあの立場にされるのは、間違いなく医師たちでしょう」

廃校となった学校のあとに新設された民間経営のチャータースクールは、新しい投資商品として投資家たちに差し出され、学校の株式会社経営というウォール街の「新商品」が飛ぶように売れ始める。

チャータースクールのトップ投資家であるウォルマートを筆頭に、〈規制緩和〉〈競争強化〉〈コストカット〉というキーワードが、公教育を「サービス」に、公務員である教師を「契約労働者」へと変えていったが、多く

の国家解体プロセスと同様、ここでもビジネスモデルの中に、現場の教師と子供たちの声が入れられることは決してなかった。

この間全米で教師を含む七〇万人の公務員が職を失ったが、寡占化したピラミッドのトップにいる銀行や投資家の収益や大企業の株は、順調に上がり続けている。

## 次の主役は医産複合体だ

その後オバマ大統領が、ＴＢＴＦで今度はＧＭ、クライスラー、フォードの自動車ビッグスリーを救済し、その条件として労働者の賃金カットと勤務時間の無制限化など、ブッ

アメリカの給与推移（GDP比）

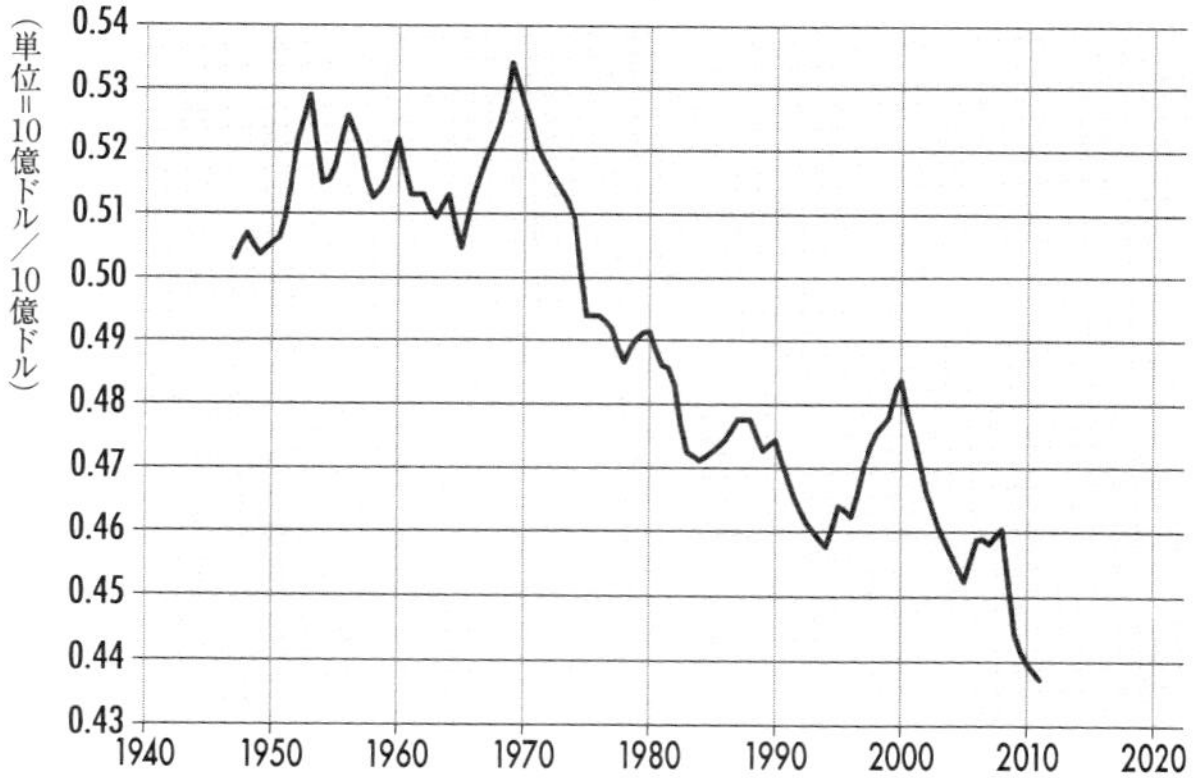


Federal Reserve Economic Data より

シュ前大統領が解体した教職員組合に続く国内巨大労組であった自動車労組の弱体化に尽力した。

これには投資家やピラミッドの上位にいる大企業が各地の州議会議員に根回しをして各州で導入させた〈労働権法〉などとのコンビネーションがよく効いた。救済されたビッグスリーに再雇用された人々は、かつてとは似ても似つかぬ、組合に守られない低賃金サービス業労働者となってゆく。

こうして国内産業が、自治体が、公教育が解体され、アメリカでは寡占化した業界のトップに君臨する少数企業とウォール街が形成する一パーセントと、その傘下で低賃金と増税、医療や教育費に苦しむ九九パーセントの二極化が完成する。

次々に実施される規制緩和政策と、赤字が増えてもおかまいなく次々に紙幣を刷る政府のおかげで、一パーセントの金融資産は今後も増え続けてゆくだろう。国家解体ゲームはますます盛りあがり、一つ終われば次のステージが用意される。税金でフードスタンプを国中にばらまくことで、「加工食品とファストフード」「チェーンの安売りスーパー」「ウォール街」の三大業界のふところに福祉予算が流れていく。そうしたしくみをつくったオバマ大統領の貧困ビジネスモデルは、公営化の下で民間に公的予算を流すという、実に無駄のない手法として、ウォール街と業界トップから高く評価されたのだった。

そして次にやってきたのが、アメリカ国内でもっとも政治に影響力を持つ業界の一つ、「医産複合体」だ。フードスタンプ拡大の時の「貧困層救済」という美しいスローガンが、早速新しい「無保険者にヘルスケアを！」に書きかえられ、新たなゲームが始まった。

# 第四章　次のターゲットは日本

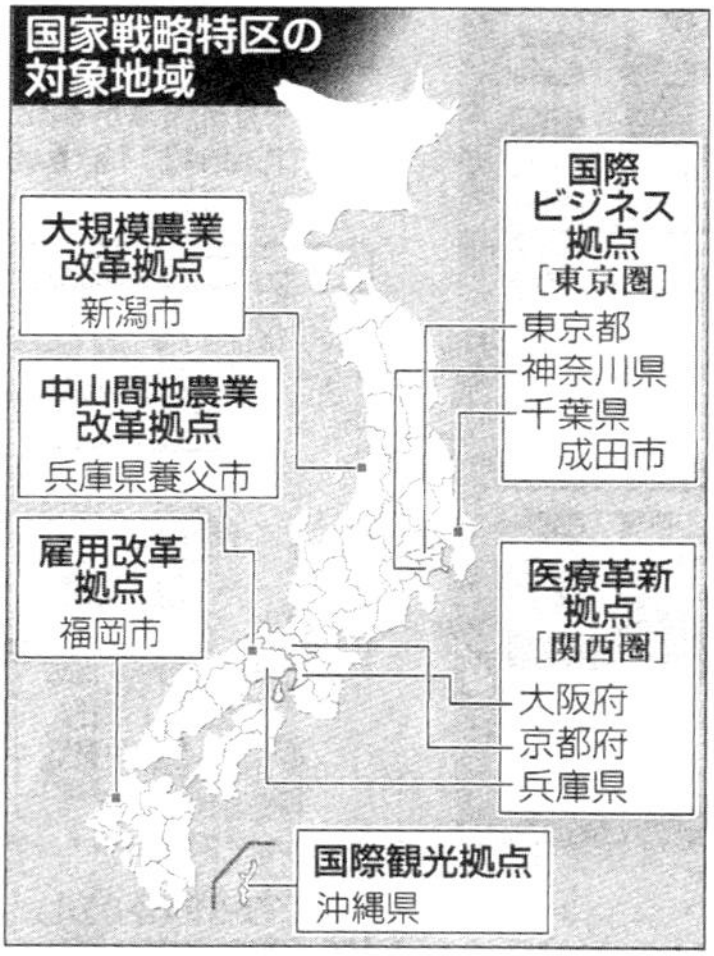


国家戦略特区の対象地域
東京新聞2014年3月29日

## オバマケアと日本の皆保険制度はまったく違う！

「オバマケア」という一パーセントの新たなゲームは、果たして日本の私たちにとって、海の向こうの他国の出来事だろうか？

二〇一四年三月の「国立科学アカデミー紀要」が公表した世論調査によると、アメリカ国民の六割がオバマケアについて「よく知らない」という結果が出ている。本国でもこの調子なので、日本でも国民にはオバマケアの実態どころか、ほとんどその名前すら知られていない。『貧困大国アメリカⅡ』（岩波新書）の取材時に日本で出会った多くの医療関係者もオバマケアについてはよく知らず、たまに医師会で知っているという人に会っても、「オバマケア？　皆保険制度でしょう？　オバマ大統領はよく頑張りましたね」と、大変好意的な反応だ。

なぜ同じ「皆保険制度」でも、日本とアメリカではこんなにも違うのか？

日本の医療は憲法二五条（生存権）に基づく社会保障の一環として行われ、その根底には「公平平等」という基本理念が横たわっている。

一方アメリカでは、医療は「ビジネス」という位置づけだ。どんなに綺麗《きれい》ごとや数字データを並べても、国民の「いのち」が、憲法によって守られるべきものだという日本と、市場に並ぶ「商品」の一つだというアメリカでは、もうこの一点だけでまったく違う。制度の成り立ちからして一八〇度真逆なのだ。

だが、アメリカの国民のわずか一四パーセントしか医療保険のしくみを理解していないように、実は日本の私たちの多くも、当たり前のように手にしている「国民皆保険制度」について、正確に理解している人はとても少ない。私自身、今回の執筆のために何十冊も関連書籍や資料を読み、現場の医師たちから話を聞いて初めて知ったことがたくさんあった。

だが知らないということは、すきをつくることになる。ウォール街と経済界に支配されるアメリカ政府から日本への、医療市場開放の圧力については知っていたが、混合診療解禁や株式会社病院、保険組織の民営化、診療報酬改革、公的保険周辺の営利民間保険参入や投資信託など、すごいスピードで規制緩和を進める法改正の多さには驚愕した。

日本の医療がアメリカ型になるとして医師会が反対する「TPP」など、「国民皆保険制度」に向かって、ありとあらゆる角度から押し寄せる力のうちのたった一つにすぎないのだ。それは、国家を解体し、すべてを商品化するこのゲームの全体像をみるとよくわかる。今の日本の動きをそこに重ねてみると、取材中に多くの医療従事者たちから聞いた警告が、リアルな実感として迫ってくるからだ。

繰り返すようだが、おなじ「皆保険制度」でも、成り立ちや参加するプレイヤーが違えば「いのちの沙汰も金次第」、まったく違う結果になる。そして「国民皆保険制度」を持つここ日本は、彼らにとっていろいろな意味できらきらと輝く次の市場なのだ。

## 消費税増税で病院がつぶれる⁉

二〇一四年四月より五パーセントから八パーセントに引き上げられた消費税増税で、モノが一気に値上がりしたにもかかわらず、政府はさらに一〇パーセントにしようとしている。「社会保障にあてるから」と繰り返し強調されていたが、ふたをあけてみると社会保障にあてられたのはわずか一割だけ、ほとんどは法人税減税分で相殺されてしまう。社会保障のためどころか、実は消費税増税で医療が大きく影響を受けることを、いったいどれだけの国民が知らされているだろう?

通常の課税取引であれば、仕入れ時に支払った消費税は控除の対象となり、納税しても事業者に損得は発生しない。だが医療サービスは、非課税取引とされているため、病院は患者から消費税を受け取れないしくみになっている。

利用者が窓口で支払う医療費に消費税はかからないが、医療機関が他の事業者同様、大量に仕入れる薬や医療機器などの代金、建物の建設や改修、消耗品の購入や外注費用には、すべて消費税が課税され、「仕入れ税額控除」が認められていないため、持ち出しになってしまうのだ。

これ以上消費税が上げられると医療機関の存続が難しくなるという各地からの悲鳴は年々大きくなるものの、国民にこの危機感はほとんど認知されていない。

国はこの間、この「控除対象外消費税問題」に対し、制度の不備を改革する代わりに医療サービスに対する診療報酬を上乗せするという先送り措置をとってきた。だがこの対応はほとんど機能していない。上乗せリスト上の診療行為の約半数はもはや実施されておらず、わずかな診療報酬アップでは、病院側の持ち出し分には不十分だからだ。

そもそも医療行為を非課税とするならば、中途半端な納税義務が生じる現行制度自体に問題がある。非課税であるはずの医療に消費税納税義務が生じるという現行制度の不備は、病院から患者につけかえる診療報酬上乗せというやり方では解決しないだろう。

このまま消費税をあげ続ければ、医療機関の経営悪化を加速させ、地域医療の連携を崩し、この国の医療制度を崩壊させるリスクがある。

ニュースの見出しをひんぱんに飾った、「社会保障と税の一体改革」とはいったい何だったのか?

マスコミは消費税の問題を取り上げる際、目に見える物価ばかりに焦点をあてる。だが誰もが当事者になる医療という重要分野への影響は全くといってよいほど取り上げられず、私たちに医師たちの悲鳴は聞こえてこない。

代わりに繰り返されるのは今も昔も同じフレーズだ。

「社会保障を持続可能にするために、消費税増税はやむを得ない」

だが本当にそうだろうか。

この国の未来を支えるための増税が、医療崩壊を加速させるとしたら、これ以上の皮肉はないだろう。政府内ではすでに二〇一五年の一〇パーセントへの増税カウントダウンが始まっている。

あげられた分の税金は、いったい誰の懐に入り、誰が犠牲となるのだろう?

## 医療・介護がステキな「投資商品」に!〜ヘルスケアリート登場〜

オバマケアの現実を見てもわかるように、市場原理が支配するヘルスケア産業は、ウォール街の投資家にとって大きなドル箱になっている。八〇年代以降の規制緩和で寡占化した業界を独占した少数の大規模医療法人や大手医療保険会社が、利益重視の営利経営で株主配当を押しあげてくれるからだ。

一九九九年のグラス・スティーガル法廃止以降、タガが外れたウォール街の投資熱がさらに加速するなかで急成長してきた商品の一つが、医療機関や介護施設の不動産に投資する「ヘルスケアリート」だ。これは同時期に花開いた、刑務所の建物と土地を自治体に貸し付ける不動産信託商品「刑務所リート」とよく似ている。

アメリカで「刑務所リート」が大ブレイクした一つの理由は、ローリスク・ハイリターンという魔法のような宣伝文句だ。

建設費用を融資する大手銀行とウォール街投資家の後押しが全米で刑務所建設ラッシュを引き起こし、かつて違法化された民間刑務所が再び主流になった。稼働率をあげるために各州で犯罪者の厳罰化を強化する法改正が進み、収容率二〇〇パーセントを超える刑務所が続出、さらに歯ブラシやトイレット・ペーパーや部屋代まで受刑者に請求するなど、投資家配当をあげる営利経営の暴走が問題になっている。同じように、「ヘルスケアリート」も、オバマケア導入で急速に拡大を続ける営利病院や大型医療法人によって、今後さらに投資商品としての魅力を増してゆくだろう。

だがもちろん、投資家にとっては世界中が市場になる。

二〇一四年一〇月一日。ついに日本でも、東京証券取引所で国内初の「ヘルスケアリート」が承認された。上場予定は一一月五日。医療・介護への営利参入を掲げる政府の「成長戦略」による強力な後押しの成果だ。今後は自治体病院などにも対象を広げてゆく方針だ。全国的にこうした施設が財政難に苦しむここ日本で、「頑張っている医療・介護施設に安定した資金調達を」といううたい文句は魅力的だろう。

しかし忘れてはならないことは、リートは福祉でなく、あくまでも投資商品だということだ。人員配置や料金設定、サービスの質などは、すべて利益拡大という目的に沿って決定されてゆく。思うように利益が出ずに配当が下回れば、人件費カットや利用料値上げ、最悪の場合売却され、施設自体廃止されてしまう。医療・介護の安定的財源調達は、高齢化する日本でも避けられない大きなテーマだ。

だがその答えは本当に、これらの分野の「投資商品化」なのだろうか？

## 「外資企業に買収されたら、取り返しがつかなくなる」

「ヘルスケアリート」には相棒がいる。効率経営によって投資効果を最大限あげてくれる、病院や介護施設などを傘下に収める「大型医療法人」だ。

日本ではこれまで、医療の非営利性を維持するために「医療法」で持ち株会社の医療法人設立を認めず、一部特区を除き株式会社参入が規制されてきた。だがこの二つは大半の国民が知らない間に、セットで上陸しつつある。

二〇一四年一月のダボス会議で安倍総理は、「非営利ホールディングカンパニー（持ち株会社）型法人制度」について言及し、投資家たちに日本に新たに生まれる新市場をアピールした。名前の頭に「非営利」とついているが、重要なのはその下にある〈ホールディングカンパニー〉という部分だ。

内容をよく読むと、実際は株式会社が出資できるようになっている。一つの地域内の救急病院や慢性期病院、老人ホーム、介護・福祉施設などを全てまとめて傘下に置く〈巨大法人〉は、医師ではなく経営のプロが運営することで〈効率化〉と〈医療費削減〉を同時に進め、今の日本で医療・介護分野が抱える〈社会福祉法人の財政難〉と〈介護人材不足〉も、しっかり解決できるという。

安倍政権の産業競争力会議がこれを提案したとき、地方の中規模病院を経営する医師はまっさきに強い懸念を示し、日本医療の非営利性が失われることや、アメリカ型大型チェーン病院参入につながるという声があがった。

推進派はよくアメリカの営利病院は全体の一割だけで残りは非営利だから共存できるというが、実はアメリカの営利病院や医療法人は人口の多い地区のみに病院を建て、ＥＲや小児科など採算の取れない部門をカットし、利益率の高い「心療内科」や「循環器科」「整形外科」などを中心にして儲けを出している。安全性よりコスト削減を優先し、支払い能力のない患者は診ず、過疎地には開設しないため弱者は排除されてしまう。日本のように「公平性」「非営利性」など求められていない。アメリカで、いのちはれっきとした「商品」なのだ。

二〇〇二年にランド経済学誌が発表したデータによると、一九八四年から九五年までに全米三六四五病院を対象にした調査では、病院が非営利から株式会社経営に変わると平均死亡率が三年で五〇パーセント増加、その逆だと死亡率は下がったという。病院の株式会社参入が進めば、当然その先には「公的保険適応範囲縮小」と「混合診療」がやってくる。

日本医師会の中川俊男副会長はこう言った。

「経営不振になった際に外資企業に買収されたら、取り返しがつかなくなる」

二〇一一年に上場を果たした大手医療法人HCA社CEOの実弟・共和党のフリスト上院議員や、在日米国商工会議所など、多くの勢力が日本政府に病院の株式会社参入を要求しつづけている。その背景を誰よりもよく知る医師会は、代わりに現行法で実現可能な「統括医療法人制度」を提案した。だが特定企業の影響下にある企業参入を禁じ、財政難の小規模病院と地域医療を救済するという医師会のこの改革案は、「医療を営利の成長産業にし、外国投資家を呼びこむ」という安倍政権の方針とは目的自体がまったく違う。政府はもちろん医師会の案を却下、「ヘルスケアリート」と「非営利ホールディングカンパニー法人制度」のペアは、予定どおり日本に上陸することに決まった。

確かに大規模法人の下に医療・介護機関をまとめることで、経営上の無駄も減らされ、効率はよくなるだろう。投資家から集めた資金が、一時は財政難を救うかもしれない。アメリカではこれと同じメリットが強調され、医療だけでなく教育にも株式会社参入が進められた。だが公費削減が進む一方で、公教育の本来の目的である非営利性や公平性が失われ、教育難民が増えている。バランスシートに表れない、目に見えない価値を持つものが消えてゆく。いったい教育や医療にとって、「非営利性」の持つ意味とは何だろうか。

## 国家戦略特区を知っていますか？

二〇一三年一二月の会期末、無理やり通した〈特定秘密保護法〉の裏に、もう一つ重要法案が隠されていた。

〈国家戦略特区法〉だ。

実はこの法律は、八〇年代以降すさまじい勢いで国家解体中のアメリカと同じ道をたどる内容にもかかわらず、法律が成立したこともその内容も、いまだに多くの国民に知らされていない。

〈国家戦略特区法〉は、ひとことで言うと「特定の地区で、通常できないダイナミックな規制緩和を行い、企業が商売をしやすい環境を作ることで国内外の投資家を呼びこむ」という内容だ。

例えば新潟では「大規模農業」、福岡では「雇用の自由化」、東京・大阪では「学校や病院の株式会社経営や、医療の自由化、混合診療解禁など総合的な規制撤廃地区」を実現してゆく。まさに「企業天国」が誕生する。

この制度は導入してから成果が検証され、上手くいけば全国にも広げてゆく計画だという。成果は「収益」で測られるため、これはかなりの確率で日本中に拡大するだろう。

この〈国家戦略特区〉を、前述したマンハッタン在住の金融アナリスト、ザック・バウマンは高く評価する。

「これは海外投資家にとって重要な政策ですね。特に、四〇兆円という世界第二位の規模を持つ日本の生命保険市場は、グローバル企業と海外投資家にとっては非常に魅力的ですから」

二〇一三年七月。政府による戦略特区有識者ヒアリングで、米国モルガンスタンレーMUFG証券チーフエコノミストのロバート・フェルドマンは、医療に関する大幅な規制改革を提案した。この中には国民の基本負担を六割、喫煙者は七割に引き上げることや、日本の診療報酬をアメリカと統一した疾患分類によって決定することなど、日本の医療制度をアメリカ式に変えてゆく内容がたくさん盛りこまれている。

また、同年一〇月一八日の「国家戦略特区ワーキンググループ」の官邸資料をみると、国際医療拠点における外国人医師・看護師の診察や病床規制緩和などの中で、もっとも重要視されているのは「保険外併用療養の拡充」だ。

今の日本では歯科など一部でしか認められていない混合診療を拡大することで、価格を自由に決められる新薬や医療行為が増え、特区内での医療費は高騰してゆくことになる。その結果、周辺地区でも特区内と同じ治療への需要があがるだろう。

だが特区と同レベルの新薬や治療は、公費だけでは支えられないため、結局は規制緩和して公費部分を縮小し、自由診療部分を広げざるを得なくなる。たとえ国民健康保険が制度として残っても、使える範囲がどんどん狭くなり形骸化すれば、患者負担は重くなってゆくだろう。

「そこで、民間医療保険のビジネスチャンスが生まれるのです」

ザックは目を輝かせた。

「国民健康保険の公費負担分が小さくなればなるほど、それ以外の医療や薬をカバーするために、日本人は民間保険を買うようになるでしょう。やがて貧困層と低所得高齢者、障害者だけが公的保険に入り、それ以外の国民が国民健康保険と民間保険の両方に加入するという、アメリカと同じ図になりますね」

そう、日本はすでに、アメリカに次ぐ保険大国なのだ。

そして「医療・介護部門」が優良投資商品であることを、海外投資家たちはよく知っている。すでに職員とその家族で約七〇万人の加入者を持つ警察共済組合の医療保険は、フランスのアクサ生命社が一〇〇パーセント独占、アヒルのCMでおなじみのアフラック社は営業利益の八割を日本で売り上げている。アフラック社のチャールズ・レイク会長は、TPP推進派の急先鋒であるUSTR（米国通商代表部）の元日本部長だ。

「今日本の医療費は三九・三兆円でGDP比ではアメリカの半分ですが、特区でこれがアメリカ並みになれば、約八〇兆円規模の市場が生まれる。いや、日本は高齢化のスピードが速いから一〇〇兆円は見込めるでしょう」

ザックの言葉は決して誇張ではない。すでに国民皆保険制度で保険加入義務に慣れている日本人は、何の疑問も持たないままに、新しく日本に入ってくる外資系の医療保険に入るだろう。そうして公・民保険の二重加入が一般化すれば、オバマケアと同じビジネスモデルが完成する。

## 国民の年金もどんどん株に投資せよ

リーマンショック以降、アメリカ政府が野放しにしたことでますます巨大化し、国家解体ゲームをさらにすすめるウォール街の存在は、ここ日本にとっても他人事ではない。農業に食糧、小売りに教育、自治体、そして医療など、彼らが自国アメリカで手をつけた分野は、その後日本にもひとつずつ名を変えて上陸してきているからだ。

外国人投資家たちは、彼らに市場を開放する、日本政府の「成長戦略」に熱い視線を寄せている。余り知られていないが、私たちの将来を左右する年金基金もその一つだ。

二〇一四年八月。厚生年金と国民年金を運用する独立行政法人「ＧＰＩＦ」の運用委員会は、年金資産をもっと株式に投資するべきだという政府の意向を受け、株式保有率の上限撤廃を発表した。

一二九兆円という世界最大規模の運用資金を持つＧＰＩＦの運用比率が一パーセントあがると、一兆円を超える資金が市場に流入する。政権支持率を株価に支えられている安倍政権と、運用受注で年間数億円の手数料が流れこむ外資系金融機関と海外投資家はこの政策に大喜びだった。実は高い報酬を払いウォール街から人材を入れるという方針もすでに閣議決定ずみであり、今回ＧＰＩＦは、株式保有率を青天井にすることに加え、運用委託先も大きく変更したからだ。

運用業務を受注した顔ぶれをみると、りそな銀行や三菱ＵＦＪ信託銀行、大和住銀投信投資顧問などの国内金融機関は入らず、米国のゴールドマン・サックスや英国のイーストスプリング・インベストメンツ社など、一四社のうち一〇社を外資系金融機関が占めている。もちろん株価はあがり、しっかりと政権に貢献した。

世界中を見ても、国民年金を国家レベルで株式運用している国は少なく、六割を運用するノルウェーですらその資金は日本の半分以下で規模自体比にならない。六七〇〇万人が加入する公的年金の運用に失敗した時、年金保険料の引き上げや給付削減という形でそのツケをかぶるのは他でもない国民だ。だがそのリスク説明もないままに、ＧＰＩＦの運用方針は、閣議決定や運用委員会でどんどん方針転換が決定されているのだ。

ウォール街と政府の癒着はアメリカでも加速している。アメリカは国民年金の株式運用はないが、ウォール街が献金やロビー活動で州議会と癒着して、州の年金資産がどんどん株式投資に回されているのだ。カリフォルニア、ケンタッキー、ノースカロライナ、ロードアイランド、ペンシルバニアなどの州では、年金基金を高リスク投資に回し、高額の報酬が税金からウォール街のファンドマネージャーに支払われていることに納税者が抗議、だが州議会は情報開示要求を拒否している。

二〇一四年七月。ニューズウィーク紙は、全米の州と市を合わせた公的年金の総額三兆ドル（三〇〇兆円）のうち、四分の一が高額報酬を取るウォール街のファンドマネージャーに委託されている事実と、情報開示を拒む州議会を批判した。

今まで安定運用をつづけて来た年金基金は、本来誰のためのものなのか？

この手の博打に失敗した時、莫大な手数料と短期的な利益を得る人々が一切責任を取らず去ってゆく例を、私たちは嫌というほど目にしてきたはずだ。

アメリカをみてもわかるように、「大きくてつぶせない（Too Big To Fail）ドクトリン」は、国民のいのちや生活に関わる部分には、決して適用されないのだから。

## 次なるゲームのステージは日本

アメリカ発の皆保険制度「オバマケア」。

現場医師たちの声の届かない場所で、最大利益団体である医療保険会社が書いたこの法案。その成立が、アメリカの医療財政だけでなく、医療従事者や患者、中小企業や労働者たち、社会全体にもたらしたものが、次の市場である日本の私たちに、激しくならす警鐘が聞こえるだろうか。

今もまだ、「アメリカと日本は国の成り立ちも人種構成も政治形態も全く違う。比較するのはナンセンス」と言う人や、「アメリカにもまだ機会の平等はある、貧困大国などではない」という声がある。だがリーマンショック以降さらに巨大化し暴走をつづけるウォール街や、寡占化するグローバル企業の世界進出、そんなアメリカの後を着実に追う日本国内の政策・法改正の流れをみれば、そんな悠長にする時間はもうないことがわかるだろう。アメリカ政府と業界の間にある回転ドアは近年ますます激しく回り、グローバル化した世界の中で、ドアをくぐったその先は、いまや自国だけでなく、別の国の政府有識者会議の部屋にまで続いているのだ。

取材の中で、アメリカの医療現場の人々に幾度となく言われた言葉がある。

「あなたの国の国民皆保険制度がうらやましい」

WHOが絶賛し、世界四〇か国が導入する日本の制度。時代の中、さまざまな変化と共に個々の問題は出ているが、時の厚生労働省や医師会、心ある人々によって守られ、なんとか解体されずに残ってきたそのコンセプトは、私たちの国日本が持つ数少ない宝ものの一つなのだ。

それが今、かつてよりはるかに大きな規模と資金力を手に入れたゲームのプレイヤーたちによって、激しい攻勢をかけられている。

無知は弱さになる。そう私に教えてくれた、ハーレム在住のドン医師。

「今の医療保険制度を、空気のように当たり前にあるものだと思わないことです。制度というものは、一度奪われると取り戻すのは本当に大変ですから。奪われないためには、自分の国の医療制度くらいは最低限知っておくことです。アメリカ医療にもメリットはありますよ。その実態をみると、どんな国の人でも、自分たちの医療制度に感謝することができるんですよ」

だが、過酷な状況で押しつぶされそうになりながらも、アメリカの医師たちは少しずつ互いに手をつなぎ、この流れをひるがえすための行動を起こしている。前述したマンハッタン在住のアーメリング医師は、一一月の中間選挙で共和党が議席を奪い返せば、オバマケアが定着しきる前に揺さぶりをかける、新たなきっかけになるという。オバマケアによって上昇する保険料に悲鳴をあげる保険加入者たちも黙ってはいない。彼らはやりたい放題の医療保険会社にブレーキをかけるために、中間選挙と同時期に行われる予定の、ある住民投票に期待をかけている。オバマケアが医療改善ではなく患者や労働者、国家を苦しめるものであることに気づいた共和党、民主党、第三党の重鎮議員たちは、ウォール街とグローバル企業の手からアメリカ合衆国を取り戻すためのある方法を計画中だ。

国家を解体し、すべてを商品化するこの勢力と闘う彼らの存在は、同じ流れがおしよせている日本の私たちにとって、大きなヒントになるだろう。この本の続編では、そんな彼らの起こす数々のアクションを紹介し、今回の取材で改めてうならされた、このゲームを仕掛ける側の鮮やかすぎる戦略についてもひも解いてゆく。

負けのカードをこれ以上手の中に増やさないために、私たちもゲームのルールを知らなければならない。そしてまた、猛スピードで社会をアメリカ型に変えつつある日本国内の法改正についても、知っておく必要があるだろう。さらには、それらが私たち国民の知らない間にどこでどう進められているのか、あふれかえるスピン情報にのみこまれないための、必須アイテムについても。

アメリカ。私の愛してやまない国。そのアメリカが壊されてゆくことへの怒りと、守ろうと闘う人々の存在が、取材を続ける原動力になる。この本を書いている間じゅう、くじけそうになるたびに、天国の父が何度も背中を押してくれたように。

「国民皆保険制度を守れ」というあの遺言を胸に抱きしめながら、祖国日本が持つ貴いものがこれ以上奪われないよう、全力を尽くすのだ。


(続編『沈みゆく大国 アメリカ 〜逃げ切れ！日本編〜』につづく)

# 参考資料


Chris Burritt, Home Depot Sending 20,000 Part-Timers to Health Exchanges, Bloomberg, Sep.19, 2013.

Janet Adamy, McDonald's May Drop Health Plan, The Wall Street Journal, Sep.30, 2010.

Felice J.Freyer, UnitedHealthcare Dropping R.I.Doctors from Medicare Advantage Network/Poll, Providence Journal, Oct.21, 2013.

Parija Kavilanz, Doctors Going Broke, CNNMoney, Jan.6, 2012.

Richard Wolf, Doctors Limit New Medicare Patients, USA TODAY, June 21, 2010.

Wendell Potter, *Deadly Spin*, Bloomsbury Press, 2011.

D.Andrew Austin and Thomas L. Hungerford, The Market Structure of the Health Insurance Industry, Congressional Research Service, Nov.17, 2009.

Peter B.Bach, Paying Doctors to Ignore Patients, The New York Times, July 24, 2008.

Joshua E.Perry and Robert C.Stone, In the Business of Dying, *The Journal of Law, Medicine & Ethics*, vol.39 issue 2, 2011.

M.D.John P.Geyman, *Health Care Wars*, Copernicus Healthcare, 2012.

Nomi Prins, *All the Presidents' Bankers*, Nation Books, 2014.

Stanley Greenberg, *Understanding Obamacare*, U.S Department of Health, 2014.

Les Funtleyder, *Healthcare Investing*, McGraw-Hill, 2009.

Sandeep Jauhar, *Doctored*, Farrar Straus and Giroux, 2014.

Ulugbek Kurbanov, *Private Equity Investment in the Healthcare Sector*, LAP Lambert Academic Publishing, 2011.

*WellPoint, Inc. Business Background Report*, ChoiceLevel Books, 2009.

Angil Tarach-Ritchey RN GCN, *Quick Guide to Understanding Medicare*, Medicaid and Other Payer Sources, Angil Tarach-Ritchey, 2011.

Timothy Geithner, *On Timothy Geithner*, Crown 2014.

Andrew Ross Sorkin, *Too Big to Fail*, Penguin Books, 2010.

Arnold G.Danielson, *American Banking through Crises and Consolidation*, SDP Publishing, 2014.

May 2013 Estimate of the Effects of the Affordable Care Act on Health Insurance Coverage, Congressional Budget Office
http://www.cbo.gov/sites/default/files/cbofiles/attachments/43900-2013-05-ACA.pdf

Coverage of Uninsurable Pre-Existing Conditions, National Conference of State Legislatures, June 2014.
http://www.ncsl.org/research/health/high-risk-pools-for-health-coverage.aspx

Full List of Obama Tax Hikes, Americans for Tax Reform
http://www.atr.org/full-list-ACA-tax-hikes-a6996

OCC's Quarterly Report on Bank Trading and Derivatives Activities First Quarter 2014
http://www.occ.gov/topics/capital-markets/financial-markets/trading/derivatives/dq114.pdf
狭間研至『薬局が変われば地域医療が変わる』じほう、二〇一四年
日本医師会『日本医師会年次報告書２０１０－２０１１〈平成22年度版〉―国民皆保険制度50周年を迎えて』東京法規出版、二〇一一年
医業税制研究会編『医療と消費税Ｑ＆Ａ』ぎょうせい、一九八九年
野村総合研究所『２０２０年の産業―事業環境の変化と成長機会を読み解く』東洋経済新報社、二〇一三年
「国家戦略特別区域法案の概要」内閣官房地域活性化統合事務局、二〇一三年
http://www.cas.go.jp/jp/houan/131105_toc/gaiyou.pdf
「国民健康保険の見直しについて（中間整理）」国保基盤強化協議会、二〇一四年八月八日
http://www.mhlw.go.jp/file/05-Shingikai-12601000-Seisakutoukatsukan-Sanjikanshitsu_Shakaihoshoutantou/0000058447.pdf

＊サイト情報は二〇一四年一〇月二〇日時点のもの